Oben:
Zürich, Ufer des Zürichsees. Die im 18. Jahrhundert »Athen an der Limmat« getaufte Metropole, Sitz vieler historischer Zünfte und einst Zentrum der Schweizer Reformationsbewegung, ist heute eine weltoffene Unternehmerstadt. Goethe fühlte sich ebenso von ihr angezogen wie James Joyce, Thomas Mann, Einstein und die Dadaisten. In Zürich wurde auch das Photochromverfahren erfunden und die Photoglob AG zum Vertrieb von Photochrombildern gegründet.

Vorausgehende Seite:
Besteigung einer Eisnadel in den Alpen.

Weltreise 1900

in farbigen Bildern

Marc Walter / Sabine Arqué

Mit einem Vorwort von Jean-Christophe Rufin

Aus dem Französischen von Jutta Orth

Gerstenberg Verlag

Inhalt

General-
Photochrom-
: Katalog :

30. Ausgabe 1911

Erste Auszeichnungen an Fach- und allgemeinen Ausstellungen verschiedener Staaten.

Brüssel 1910 : Grand Prix

P.Z

PHOTOGLOB - Abteilung der Vereinigten Kunstanstalten A.-G. Zürich München

ETABLISSEMENTE:

Photochrom Co., Ltd., London, E. C.
61 St. Paul's Churchyard and 35 & 36 Hosier Lane.

Detroit Photographic Co., Detroit
Mich., U. S. A.
559—581 Alexandrine Ave. W. (Lock Box 585).

Branch: New York City
234 Fifth Avenue, Corner Twenty-seventh Street.

Für das Inhaltsverzeichnis wurden die Ländernamen den heutigen geopolitischen Verhältnissen entsprechend aktualisiert: Zwischen 1890 und 1914, als die Photochrome entstanden, war die Welt in große Imperien und Kolonien aufgeteilt, und der Katalog von 1911, der diesem Buch zugrunde liegt, spiegelt diese Machtverhältnisse wider. Wir haben uns für eine geographische Klassifizierung nach Kontinenten entschieden (Europa: West-, Nord-, Zentral-, Südeuropa; Nordafrika; Naher Osten; Asien; Pazifik; Nordamerika).

Vorwort

von Jean-Christophe Rufin

Dies ist das Anderswo, von dem wir träumten. Ein Anderswo, das nicht nur im Raum, sondern auch in der Zeit gründet. Ein Anderswo weit entfernter Orte, die uns im Laufe der Zeit – scheinbar – vertraut geworden sind und plötzlich wieder so frisch wirken, als wären sie neu.

Reisende von heute leiden unendlich daran, dass ihnen andere überall zuvorgekommen sind. Venedig besichtigen? Kein Problem. Aber allein und als Erster? Wie soll das gehen? Welche Chance hat man, Venedig überhaupt zu *sehen,* wenn überall der Schatten Casanovas umhergeistert und man an jeder Ecke auf Spuren John Ruskins oder Richard Wagners trifft? Mit etwas Glück erreicht man sein Ziel an manchen Winterabenden in den ausgestorbenen Gassen des Viertels Dorsoduro. Doch am helllichten Tag auf dem Canal Grande, zwischen der Kirche La Salute und dem Hotel Danieli, ist es ziemlich aussichtslos.

Genau darin besteht die Magie dieser Photochromdrucke. Ihre unerwartete Farbgebung verleiht ihnen etwas eigenartig Faszinierendes. Durch einen einzigartigen Effekt, den herkömmliche Photographien nur ansatzweise besitzen, ziehen sie uns in ihren Bann – und lassen uns zugleich den zeitlichen Abstand umso stärker empfinden. Wir erkennen die abgebildeten Bauwerke wieder, doch ihre einzigartigen Dimensionen, die Stille, die sie umgibt, eine besondere Klangfarbe von Silhouetten und Gesichtern, diese Kutschen, diese in Kittel gehüllten Kinder, diese herausgeputzten Frauen machen uns nur allzu deutlich, dass wir tatsächlich anderswo sind. Und dieses Anderswo wird von uns heimgesucht, ohne darauf vorbereitet zu sein. Es empfängt uns mit all den Gefühlen, die erste Begegnungen stets begleiten.

Die Entfremdung ist in den »exotischen« Ansichten noch viel stärker spürbar. Algier, Kairo oder Indien erstehen in einer Gestalt wieder, die es nicht mehr gibt, die in unserem Unbewussten jedoch in Form eines idealen, unglaublichen, traumhaften Orients weiterlebt – des Orients eines Gustave Flaubert, Eugène Fromentin, Eugène Delacroix.

Die Welt der Photochrome ist so poetisch, wie kein zeitgenössisches Schauspiel es je sein kann. Sie ist von einer innigen Freude beseelt, wie nur die seltenen Augenblicke, in denen sich die Unvergänglichkeit des Menschen enthüllt, sie erzeugen können.

Links:
Der Dogenpalast in Venedig und die Piazetta.

Oben:
Der Hafen von Algier und die Amirauté.

Unterwegs zur Farbe

Rechts:
Hotel Post in Simplon Dorf, um 1890.

Vorausgehende Seiten:
Frau aus Bethlehem; Aufnahme: Félix Bonfils (um 1870). Links: Schwarzweißabzug vom Originalnegativ. Rechts: Photochrom (1890) vom Originalnegativ.

Unglaubliches, verschwenderisches, faszinierendes 19. Jahrhundert! Eisenbahn, Telefon, Elektrizität, Automobil, Kino, Photographie – all diese Dinge (um nur einige zu nennen) werden zwischen 1830 und 1890 erfunden, und zu Beginn des 20. Jahrhunderts kündigt sich tatsächlich ein neues Zeitalter an. Man bedenke, welche Vorteile eine solche technische Revolution für Reisende mit sich bringt: 1890 erreicht der Orient-Express Konstantinopel innerhalb von sechs Tagen – zu Anfang des Jahrhunderts hatte er für dieselbe Strecke fast zwei Monate gebraucht! Als im Jahr 1869 der Suezkanal eröffnet wird, reist der französische Autor und Journalist Edmond About nach Ägypten. Er setzt sich in Paris in den Zug: Innerhalb von 16 Stunden hat er Marseille erreicht, und sechs Tage später geht er in Alexandria von Bord. François René de Chateaubriand hatte sechzig Jahre zuvor allein anderthalb Monate gebraucht, um von Alexandria nach Tunis zu gelangen. Ganz ähnlich verhielt es sich mit der Überquerung des Atlantiks: Noch 1840 hatte die Fahrt von Le Havre nach New York zwei Wochen in Anspruch genommen – falls das Meer gnädig gestimmt war; zwischen 1890 und 1900 dauerte die Überfahrt nur noch vier, fünf Tage. Innerhalb des amerikanischen Kontinents verlief das Reisen kaum anders. 1884 schildert Edmond About »wandernde Heerscharen, die der Zug in fünfeinhalb Tagen nach San Francisco befördert und die 5350 Kilometer zurücklegen, ohne an Hunger oder Durst zu leiden oder von Ameisen in den Hosenbeinen geplagt zu werden ...«. Mit den langwierigen und gefährlichen Pioniertrecks, die vierzig Jahre zuvor Monate gebraucht hatten, um den fernen Westen zu erreichen, hat das nichts mehr zu tun. Diese Beispiele zeigen, wie bedeutsam manche Fortschritte waren, die innerhalb eines halben Jahrhunderts erreicht wurden. Und mögen uns heutzutage 16 Stunden Fahrzeit für eine Reise von Paris nach Marseille wie eine Ewigkeit vorkommen, so hat es doch 150 Jahre gedauert, um einen TGV zu entwickeln, der für dieselbe Strecke nur noch vier Stunden braucht. Verglichen mit den Heldentaten, die während der letzten fünfzig Jahre des 19. Jahrhunderts vollbracht wurden, ist dies letztlich nur ein kleiner Schritt.

Die Zeit der Reisephotographen

Reisende des 19. Jahrhunderts verfügen also über moderne Transportmittel, und sie machen sich diese Mittel zunutze, um die Welt zu entdecken. Man spricht nicht mehr von Expeditionen, sondern von wissenschaftlichen oder photographischen »Missionen« oder »Erkundungsfahrten« – ausgedehnten Reisen wie zum Beispiel die »Croisière noire«, bei der 1924–1925 acht Citroën-Fahrzeuge Afrika von Colomb-Béchard in Algerien bis Antananarivo in Madagaskar durchqueren. Auch die Anfänge des Tourismus, so wie wir ihn heute kennen, fallen in diesen Zeitraum. Ab 1880 sind alle Voraussetzungen für die Entwicklung von Vergnügungsreisen gegeben. Die Kolonialmächte haben den (Nahen und Fernen) Osten, Afrika und Südostasien unter sich auf-

Links:
Bowder Stone. Dieses Relikt aus der Eiszeit gehört zu den meistbesuchten Sehenswürdigkeiten im Lake District.

Rechts:
Schuhputzer in Kairo.

geteilt, die Amerikaner haben die Indianer in Reservate gepfercht, die Engländer haben sich in Indien, China und Malaysia, die Franzosen in Indochina, Nordafrika und Schwarzafrika festgesetzt, kurz: Der Planet ist »weiß« und damit sicher geworden, man braucht keine Abenteurerseele mehr, um sich in entlegene Gebiete vorzuwagen.

Überall haben die Pioniere Perspektiven eröffnet, Straßen, Brücken, Tunnel gebaut, Schienen verlegt, Hotels errichtet. Und noch etwas hat sich etabliert: die Photographie, die 1888 mit der ersten Kodak-Kamera einen entscheidenden Schub erhält. »Sie drücken auf den Knopf – wir erledigen den Rest« lautet der legendäre Werbeslogan der amerikanischen Eastman Kodak Company, die ihre Kamera einem breiten Publikum zugänglich macht und sie zunächst den Touristen der ersten Stunde »in die Hände spielt«.

Die Photographie als solche existiert zu diesem Zeitpunkt bereits mehr als fünfzig Jahre. Seit den 1850er, 1860er Jahren hat sie sich dermaßen weiterentwickelt, dass praktisch alle spektakulären Schauplätze, alle bedeutenden Bauwerke, alle »Typen« unseres Planeten bereits abgelichtet sind. Reisephotographen hatten mit ihrer Ausrüstung die Welt durchquert und dabei auf dem Rücken von Maultieren oder Kamelen Unmengen von Glasplatten, chemischen Substanzen und ihre kostbaren Dunkelkammern mitgeschleppt. Von 1849 bis 1852 hielten sich Maxime Du Camp und Gustave Flaubert in Ägypten auf; zur gleichen Zeit reiste der deutsche Photograph Wilhelm Hammerschmidt durch das Niltal bis nach Abu Simbel. Gustave Le Gray, der als Photograph am Hof Napoleons III. gearbeitet hatte, ließ sich 1860 in Kairo nieder. 1867 zogen Félix Bonfils und seine Gattin Lydie nach Beirut. Zwischen 1857 und 1860 reiste der Engländer Francis Frith durch Ägypten, Palästina und Syrien. 1862 begleitete sein Landsmann Francis Bedford den späteren König Eduard VII. auf seiner Grand Tour. John Thomson, ebenfalls Engländer, gelangte 1863 nach Singapur und bereiste Thailand, Kambodscha, China und Indochina. 1858 ließen sich die italienischen Brüder Felice und Antonio Beato in Kalkutta nieder. Bald darauf brach Antonio nach Kairo auf, während Felice China und Japan »eroberte« und in Yokohama das erste Photostudio Japans eröffnete. Ein weiterer Italiener namens Carlo Naya gründete in Konstantinopel ein Studio und kehrte 1856 nach Venedig zurück, um sich auf der Piazza San Marco ein Atelier einzurichten. Während der letzten drei Jahrzehnte des 19. Jahrhunderts wanderten weitere Photographen nach Kairo, Port Said, Luxor, Jerusalem, Konstantinopel, Beirut, Athen, Algier, Tunis, Kalkutta, Bombay, Delhi, Singapur, Hongkong usw. aus. Diese Aufzählung von Namen und Orten ermöglicht es, sich einen Begriff davon zu machen, welche Bedeutung der Photographie in der damaligen Zeit zukam. Fortschritt und Modernität bleiben allerdings nicht folgenlos und führen in ihrem Schlepptau Entmenschlichung, Umweltverschmutzung und die Beschädigung der jungfräulichen Natur mit. Die

Ende des 19. Jahrhunderts verfassten Reiseberichte bestätigen dies: Die Welt ist nicht mehr das, was sie einmal war! Unternehmern, Ingenieuren, Industriellen preisgegeben, werden die Metropolen des Westens unerträglich, die Kolonialstädte büßen an Charme und Authentizität ein, und die »exotischen« Länder sind nach der Invasion der Touristen nicht mehr dieselben. »Was ist das bloß, wie tief sind wir gesunken?«, empört sich Pierre Loti 1907 in Kairo. »Man glaubt sich in Nizza oder an der Riviera oder in Interlaken, in irgendeiner dieser grotesken Städte, in denen sich während der so genannten eleganten Jahreszeit der schlechte Geschmack der ganzen Welt ein Stelldichein gibt … Überall blendendes elektrisches Licht; monströse Hotels, die die falsche Pracht ihrer aufdringlichen Fassaden zur Schau stellen; … unzählige Wirtshäuser, die vor Flaschen überquellen: Alle alkoholischen Getränke, alle westlichen Gifte ausgegossen über Ägypten, in jeden x-beliebigen Mund.«

Archive für den Planeten

Ja, die Seele flattert, das »Ende der Welt« ist in aller Munde, die Zukunft des Planeten gilt als ungewiss. Die Beschleunigung des Lebens erzeugt ein Gefühl der Unsicherheit, das zur Gründung zahlreicher photographischer Vereinigungen, Gesellschaften und Archive und zu Bildaufträgen aller Art führt. »Im Zeitalter der Dampfmaschine und der Elektrizität verändert sich alles, selbst die Orte. Bevor der Fortschritt sein zerstörerisches Werk ganz vollendet hat, bevor diese Gegenwart, die die Vergangenheit noch in sich trägt, vollständig verschwunden ist, wollten wir sie in einer Reihe von Photographien, die wir unseren Lesern in diesem Bildband darbieten, festhalten.« Diese Sätze, die dem Vorwort eines Photobuchs über Syrien, den Libanon und Palästina entnommen sind, verfasst Adrien Bonfils, der 1885 in Beirut das Atelier seines Vaters Félix übernommen hat, um 1900. Von ähnlichen Gefühlen getrieben, schlägt das *British Journal of Photography* 1889 die Anlage von Weltphotoarchiven vor. 1897 wird die National Photographic Record Associaton gegründet und damit beauftragt, Dokumente von traditionellen Zeremonien und Festen in aller Welt zu sammeln. In Paris gründet Albert Kahn 1910 die Archives de la planète, um »Aspekte, Praktiken und Arten menschlichen Handelns« festzuhalten, »deren Verschwinden nur noch eine Frage der Zeit ist«. Parallel dazu mehren sich die Photoausstellungen, die Bilder von der Welt und neue Ideen unters Volk bringen. Um 1900 ist die Photographie bereits insofern banal geworden, als sie jedem die Illusion vermittelt, sich die Natur aneignen zu können. Befreit von den Fesseln des Rahmens und der Studiodekoration, ist das Photo zum Ausdruck der kollektiven und individuellen Erinnerung geworden. Es schlägt die Stunde der Photosouvenirs und Alben, in denen man Familienporträts und Ferienbilder sammelt.

Doch die boomende Amateurphotographie eröffnet auch Professionellen, die in ihrem von der Kodak-Kamera bedrohten Metier wieder

echts:
/ales; Blick auf das »Happy
alley« von Llandudno.

inks:
luslimischer Adliger aus
osnien zu Pferde.

ianz links:
ersische Familie in Teheran.
ies ist das einzige Photo-
hrom aus dem heutigen Iran,
as es gibt.

Fuß zu fassen versuchen, einen vielversprechenden Absatzmarkt. Auch wenn man nur noch »auf den Knopf zu drücken« braucht, ist man deshalb noch lange kein guter Photograph. Und eines wird den Amateurnegativen immer fehlen: die Farbe. Die Farbe, die dem Traum des Photographen zugrunde liegt und lange nach dem Ende einer Reise damit verbundene Empfindungen von neuem erzeugt und wiederaufleben lässt.

Die Erfindung des Photochromverfahrens

Ende des 19. Jahrhunderts hatte man sich bereits verschiedentlich mit der Farbphotographie beschäftigt. In Frankreich beispielsweise hatten Charles Cros und Louis Ducos du Hauron schon 1868 ein Aufnahmeverfahren entwickelt, das auf dem Prinzip der Dreifarbigkeit basierte, doch es war zu kompliziert für eine kommerzielle Nutzung. In der Schweiz arbeiteten Mitarbeiter der Druckerei Orell Füssli fieberhaft an der Entwicklung eines Verfahrens, das Photographie und Lithographie miteinander verbinden und die Reproduktion von Farbbildern auf der Grundlage von Schwarzweißnegativen ermöglichen sollte. 1889 schließlich ist es so weit. Und es ist *die* Entdeckung! Das strahlende Weiß ewigen Schnees, das tiefe Grün deutscher Wälder, Pflanzen aus aller Welt, unzählige Sonnenuntergänge und Mondstimmungen erstrahlen auf dem Papier in ihrer ursprünglichen Schönheit. Dazu kommen Porträts: Kleinhändler, Hausierer, Männer, Frauen und Kinder aus allen Kulturen und Ländern sind in erstaunlicher Detailtreue dargestellt. Das Photochrom verleiht der Welt authentische Farben und bereitet dem Betrachter ein nie gekanntes Vergnügen. Als die Erfindung 1900 bei der Pariser Weltausstellung vorgestellt wird, gewinnt sie den ersten Preis. Der Erfolg des Photochromverfahrens ist vorprogrammiert.

Die Erzeugnisse der Photoglob AG (des Verlages, den Orell Füssli zum kommerziellen Vertrieb der Photochrombilder gegründet hat) werden vor allem in den europäischen Ferienorten angeboten, denn die Käufer sind in der Regel Touristen. Sie begeistern sich für die zarten oder klaren Farbbilder, die so viel aussagekräftiger sind als die üblichen gemalten oder kolorierten Postkarten, bringen sie von ihren Reisen lose oder gerahmt mit nach Hause oder verlangen fertig zusammengestellte Erinnerungsalben zu den Themen ihrer Wahl: Bilder von Ägypten, vom Heiligen Land oder von Konstantinopel, Souvenirs von Neapel, Venedig, den Schweizer Alpen oder der Riviera, Photos vom Rhein, von der Donau oder vom Ganges bei Benares (Varanasi). Eine zweite Photochromserie ist der »Reproduktion von Meisterwerken« vorbehalten. Einige wenige Beispiele seien hier willkürlich herausgegriffen: *Das letzte Abendmahl* von Leonardo da Vinci, *La Cruche cassée* (Der zerbrochene Krug) von Greuze, die *Madonna di Loreto* von Raphael oder *Die drei Grazien* von Rubens – Gemälde, die man in den Museen bewundert hat und in Form von Reproduktionen gerne als Souvenir mit nach Hause nimmt. Diese außergewöhnliche Serie ist un-

Links:
Photochrom von Antonio Cesaris Gemälde *Il trasporto di Cristo al sepolcro* (Grablegung Christi). Als Grundlage diente eine Reproduktion, die der Maler in der Schweizer Kirche Madonna del Sasso bei Locarno selbst angefertigt hatte.

Ganz links:
Fischer auf der niederländischen Insel Marken (Photochrom um 1890).

glaublich erfolgreich, denn auf den Photos erkennt man noch das kleinste Detail. An der Wende zum 20. Jahrhundert schließlich ergänzen Bilder von den Niagarafällen, den Raddampfern des Mississippi, vom Grand Canyon, vom Yellowstone-Nationalpark, vom Flatiron Building und den Straßen New Yorks das Spektrum der Photoglob-Produktionen.
Diese große Bandbreite an Motiven rührt aus der Tatsache, dass Photoglob Negative jeglicher Herkunft verwendet – sei es ein dreißig Jahre zuvor in Wales entstandenes Landschaftsbild von Frith, ein in Kairo aufgenommenes Frauenporträt von Bonfils oder ein Venedig-Photo von Naya. Ein Firmenregister aus dem Jahr 1901 verzeichnet die Aufträge, die das Schweizer Unternehmen Photographen erteilte, die in der Schweiz, in Deutschland und in ganz Europa tätig waren. Beim Durchblättern stößt man auf François Richard (den Erfinder des Veraskops), auf die Deutschen Müller, Werner und Schensky oder Émile Terschak, der die Länder der ehemaligen Donaumonarchie, die südlichen Alpen und die Dolomiten bereiste. Aber da das Urheberrechtsgesetz den Herausgeber nicht zur Nennung des jeweiligen Photographen verpflichtete, lassen sich die meisten Photos gar nicht zuordnen. Genauso unklar ist, wie viele Photochrome überhaupt produziert wurden und wie viele Abzüge es von einem Negativ gab.

Das Photochrom in Amerika

Als Photoglob den europäischen Markt zunehmend mit Photochromen überschwemmt – etwa durch die Eröffnung von Filialen in London und Berlin –, werden auch amerikanische Photographen auf das Verfahren ihrer Züricher Kollegen aufmerksam. Einer von ihnen, der Kalifornier Edwin H. Husher, überredet den Direktor der mächtigen Detroit Publishing Company, William Livingstone, nach Zürich zu fahren, um einen exklusiven Lizenzvertrag zur Verbreitung des Photochromverfahrens in Nordamerika auszuhandeln.
1896 ist der Vertrag unter Dach und Fach. Noch im selben Jahr engagiert die Detroit Publishing Company Albert Schuler, einen ehemaligen Lehrling der Druckerei Orell Füssli, als Atelierleiter. Zwei Jahre später lässt Husher seinen Kollegen und Freund, den berühmten Photographen William Henry Jackson, nach Detroit kommen. Jackson, der den amerikanischen Kontinent schon mehr als dreißig Jahre lang photographisch »ausplündert«, ist damals gerade von einer Weltreise zurückgekehrt – mit rund 10 000 Negativen im Gepäck. Als Zeichner, Dekorationsmaler, Retuscheur, geschickter Kolorist, Porträt- und Landschaftsphotograph ist Jackson vom Photochromverfahren schlichtweg hingerissen. Für ihn, der bereits alles Mögliche versucht hat, um seinen Photos irgendwie Farbe zu verleihen, gleicht diese Erfindung einem Wunder. In Photochrome verwandelt, bereichern seine Negative das photographische Welterbe um Farbbilder von den Rocky Mountains und unberührter Natur, Porträtaufnahmen von Osagen, Oto, Pawnee oder Omaha, Indianerstämmen, mit denen Jackson 1867 in Berührung

Links:
Porträt von Paupuk Keewis, dem Irokesenhäuptling, den die Chippewa adoptierten.

Ganz links:
Der private Eisenbahnwaggon von William Livingstone, dem Gründer der Detroit Publishing Company, die das Photochromverfahren ab 1896 in den Vereinigten Staaten verbreitete. Das Negativ befindet sich im Besitz des Henry Ford Museum in Dearborn, Michigan.

gekommen war, als er in Nebraska mit seinem Bruder Ed zusammengearbeitet hatte.
Den vor allem von Albert Schuler hinterlassenen Informationen zufolge beschäftigte die Detroit Publishing Company vierzig Kunsthandwerker und ein Dutzend Vertreter. Sie produzierte in ihren besten Jahren sieben Millionen Photochrome. Und wie Photoglob in Zürich stellte auch sie vor allem Postkarten her. Jackson gehörte bis zum Konkurs der Gesellschaft im Jahr 1924 zu den Direktoren der DPC. Während des Konkursverfahrens wurden Tausende von Photochromen »dem Zugriff entzogen«. In einem alten Lager von Bozeman im hintersten Winkel von Montana hat man sie später zufällig wiedergefunden.

Das Universum der Photochrome

Die heutigen Geschäftsführer der Photoglob AG in Zürich meinen, das Photochrom sei kurz nach dem Ersten Weltkrieg, um 1920, vom Markt verschwunden. Die dreißigste Ausgabe des Photoglob-Katalogs aus dem Jahr 1911 enthält etwa 30 000 Abbildungen. Dreihundert davon für dieses Buch auszuwählen war wahrlich nicht einfach – zumal manche Länder (wie England, die Schweiz, Deutschland und das ehemalige Österreich-Ungarn) stark repräsentiert sind, andere hingegen nur mit wenigen Aufnahmen oder vollständig fehlen.
So gibt es zum Beispiel kaum ein Photochrom von Südamerika, keines aus Zentral- oder Südafrika oder aus Japan. Die Gründe hierfür liegen auf der Hand, man muss sich nur in die damalige Zeit zurückversetzen und darf nicht vergessen, dass das Photochrom vor allem als Reisesouvenir diente. Kein Wunder also, dass Aufnahmen von den touristischen Reisezielen, die zwischen 1890 und 1914 am beliebtesten waren, massenhaft vertreten sind.
Mit am stärksten repräsentiert sind die Länder der ehemaligen Donaumonarchie, deren Gebiet sich vor 1914 von der Donau über die Karpaten bis zum Schwarzen Meer und zur Adriaküste erstreckte und die Dolomiten, Norditalien, die dalmatische Küste (im heutigen Kroatien), Bosnien-Herzegowina und Serbien einschloss, kurz: den Balkan, die ehemalige Tschechoslowakei, Ungarn und einen Teil Polens. Dieses großflächige Gebiet nimmt in diesem Buch einen prominenten Platz ein.
Die dreihundert Bilder sind zu kleinen, mehr oder weniger bedeutenden, aber auch mehr oder weniger »typischen« Serien zusammengefasst: Während die Aufnahmen aus südlichen Ländern von harten Blautönen, gleißendem Licht und grellen Farben geprägt sind, dominieren auf den Photos aus nördlicheren Gefilden hoch aufgetürmte dunkle Wolken und sturmgepeitschte Himmel. Und je weiter man nach Osten vordringt, umso stärker fällt ins Auge, dass die Koloristen den exotischen Charakter einer Landschaft, die Üppigkeit der Vegetation, die Zartheit oder Wildheit der natürlichen Elemente unterstreichen wollten. Dem Betrachter eröffnet sich ein veritables chromatisches Universum, und Erinnerungen an eine entschwundene Welt treten zutage. Farbige Erinnerungen im doppelten Sinn des Wortes.

England

Clacton-on-Sea, der Pier

Die erstaunlich rasche Verbreitung von »Piers« in England seit der Viktorianischen Ära verdient besondere Beachtung. Denn auch wenn es an allen Küsten der Welt solche ins Meer hinausgebauten Promenaden gibt, so waren es doch englische Ingenieure, die die Piers mit ihren Publikumsattraktionen – in deren Genuss man nur gegen Bezahlung kam – erfanden. Die gebotene Unterhaltung machte den (geringen) Eintrittspreis – einen Penny in Clacton – offenbar vergessen, und die Anwohner begriffen schnell, wie sie aus ihrer Lage Kapital schlagen konnten. Um 1900 säumten ungefähr hundert Piers die englische Küste; etwa fünfzig davon haben überlebt. Die 1979 von Sir John Betjeman gegründete National Piers Society bemüht sich heute um ihre Erhaltung. Der Pier von Clacton, ein Werk Peter Schuyer Bruffs, eines Ingenieurs der Eastern Union Railway, wurde 1871 eröffnet. Die Dampfer der Reederei Belle legten dort an, und 1882 brachte der Zug aus London die ersten Sommerfrischler nach Clacton. 1893 schließlich wurde der Pier mit einer achteckigen Plattform aus geteertem Kiefernholz ausgestattet – etwas Erstaunliches für die damalige Zeit – und erhielt einen Pavillon im Regency-Stil mit Konzertsaal, Bar und Wartesaal.

HOT&COLD SEA
BOOK HERE
FOR THE TRIP
TO HARWICH
AND BACK
LADIES BATHS
NO DOGS ADMITTED
& PERAMBULATORS
MUST BE SHOWN HERE
BELLE STEAMERS BOOK HERE
HARWICH
LONDON

Hastings, Jachthafen

Lange bevor es zum Seebad wurde, war Hastings ein bloßer Hafenort – einer der fünf ältesten Englands. Die Einwohner dieses in Sussex gelegenen Städtchens, unerschrockene Seeleute, lebten von der Fischerei und – vom Schmuggel. Sie wussten Schiffe zu bauen, die stabil genug waren, den gewaltigen Südweststürmen zu trotzen, und schnell genug, um die Boote der Zöllner hinter sich zu lassen. Die *Elizabeth Bonaventuré,* die sich im Kampf gegen die sich unbesiegbar wähnende spanische Armada auszeichnete, war in Hastings gebaut worden. Um die Mitte des 19. Jahrhunderts wurde die gesamte Küste von Sussex, von Hastings bis Portsmouth und bis zur Isle of Wight, zur Domäne des nicht ganz so riskanten, eher aristokratischen Segelsports. Um 1900 war es ein beliebter Zeitvertreib, dabei zuzusehen, wenn Segelschiffe bei Port Elizabeth in See stachen. Im Yachting Club von Hastings erinnert man sich noch heute an die *Albertine,* eine großartige Jacht, deren Auslaufen jedes Mal ein Massenpublikum anzog, das sich vor dem Queens Hotel auf der Uferstraße versammelte.

Starker Wellengang bei Bognor-Regis

1787 ließ sich Sir Richard Hotham, ein Hutmacher aus Charing Cross, der durch seine Handelstätigkeit für die Britische Ostindische Kompanie zu Reichtum gelangt war, in Bognor nieder. Er träumte davon, ein Seebad zu schaffen, das König Georg III., dem Prinzen von Wales und der Aristokratie attraktiver erscheinen würde als das ganz in der Nähe gelegene extravagante Brighton, das die noblen Herren und Damen regelmäßig aufsuchten. Trotz aller Bemühungen Sir Richards blieben die oberen Zehntausend Brighton treu, und erst im Jahr 1929 beehrten König Georg V. und seine Gemahlin, Königin Mary, Bognor mit einem Besuch. Der König verlieh Bognor den Titel »Regis«, was dessen Gründer mit Freude erfüllte. So viel zur Geschichte. Immerhin hatte Sir Richard tatsächlich ein Seebad aus Bognor gemacht. Es war sicherlich eher populär als mondän, doch es florierte, und Reiseführer vom Beginn des 20. Jahrhunderts erklärten, der Strand sei »ideal für Familien mit Kindern«. Wer sich davon überzeugen möchte, muss Bognor ganz offensichtlich bei ruhigem Wetter aufsuchen, denn an stürmischen Tagen brandet das Meer in spektakulären Wellen gegen die Felsen – von denen aus es sich bei Ebbe so angenehm fischen lässt. Bei Sturm empfiehlt es sich hingegen, die entfesselten Wogen mit den turnerschen Farben (von weitem) zu bewundern und es dabei bewenden zu lassen!

Portsmouth, der Hafen

Gut geschützt in der Reede von Spithead, dem Meeresarm, der die Küste von Hampshire von der Isle of Wight trennt, lagen früher die Schiffe der Royal Navy vor Anker. Seit dem 16. Jahrhundert diente der Kriegshafen Portsmouth der englischen Marine als Hauptbasis. 1805 stach Admiral Nelson dort mit der *Victory* in See, um bei Trafalgar gegen die Flotte der miteinander verbündeten Franzosen und Spanier zu kämpfen. Einige Jahre später wurde Charles Dickens in Portsmouth geboren. Sein Vater arbeitete in der Werft. Eines der Häuser, in denen Dickens seine Kindheit verbrachte, lag in der Nähe der Docks, und der junge Charles verbrachte viel Zeit damit, vom Gartenzaun aus das Kommen und Gehen der Matrosen zu beobachten. Seine Erinnerungen daran ließ er später in dem Roman *Nicholas Nickleby* wiederaufleben; seinen Vater verewigte er in den Figuren Mr Micawber und Mr Dorrit. Dickens und die *Victory* sind in Portsmouth allgegenwärtig. Dickens' Geburtshaus in der Old Commercial Road beherbergt heute das Charles Dickens' Birthplace Museum; die mehrfach restaurierte *Victory* hat in Dock Nr. 2 eine Heimat gefunden.

Stonehenge auf der Ebene von Salisbury

»Wiltshire, wo große freie Flächen einander abwechseln, ist in Friedenszeiten ein Reiterparadies und in Kriegszeiten ein riesiger Truppenübungsplatz«, heißt es in einem Reiseführer von 1947. Doch ehe die Ebene von Salisbury sich in einen menschenleeren Landstrich und in ein Militärgelände verwandelte, siedelten dort, durch undurchdringliche Wälder vor Invasoren geschützt, unzählige Menschen, die von Schafzucht und Wollverarbeitung lebten. Aus noch früherer Zeit, etwa aus dem Jahr 2000 v. Chr., stammt der rätselhafte Steinkreis von Stonehenge. Die Anlage war ursprünglich von einem kreisrunden Erdwall umgeben, in dessen Mitte dreißig Monolithe von fünf Meter Höhe standen. Auf diesem um 1900 aufgenommenen Photo stehen noch 16 Steine aufrecht. Drei davon sind »Trilithen« – Torbauten aus zwei Tragsteinen und einem Deckstein. Der große sich nach links neigende Monolith misst mehr als sieben Meter Höhe.

London, Tower Bridge

Vor den Parkanlagen von Tower Hill warten Kutschen auf die Rückkehr von Spaziergängern. Der Tower Hill am Rand des alten London bietet einen unverbaubaren Ausblick auf die Themse, die Tower Bridge und den White Tower – die Festung, die Wilhelm der Eroberer erbauen ließ, um die Stadt, die er kurz zuvor eingenommen hatte, zu schützen. Der »vor Schmuck und getrocknetem Blut« starrende Turm am Ufer der Themse, schrieb Paul Morand, »hat die Seufzer der Gefangenen, das dumpfe Aufschlagen der Körper schottischer Rebellen … für immer erstickt und reißt am Rand des Wassers sein Maul auf wie ein Flusspferd, bereit, den Fluss aufzusaugen …«. Der Tower war Königsresidenz und Gefängnis – zu Zeiten Heinrichs III. beides gleichzeitig –, und er wacht über die englischen Kronjuwelen: unter anderem die des Schwarzen Prinzen und die der Königin Viktoria, darunter »Rubine aus Birma und Diamanten aus Kapstadt bis hin zu indischen Perlen und australischen Saphiren«.

London, Cheapside (rechts)

Lässt man den Blick über die Statue von Robert Peel im Vordergrund hinweggleiten, blickt man nach Cheapside hinein, das einstige Viertel der Seidenhändler, Tuchmacher, Posamentenmacher. Hier, am Eingang der geschäftigen City of London, haben sich auch die mächtigen Gilden oder Zünfte niedergelassen. Um 1900 sah man in Cheapside, so schrieb Paul Morand in seinem interessanten Porträt der englischen Hauptstadt, noch »die alten Pferdeomnibusse«. Passanten in Eile verlassen die überfüllten Trottoirs und werden von der Straße gedrängt, auf denen »massige Percherons Brauereiwagen ziehen«. Sir Robert Peel, der unerschütterlich auf seinem Sockel ausharrt, sieht einem »Bobby«, der neben der Straßenlaterne mit zwei Gentlemen verhandelt, bei der Arbeit zu – einem »Bobby«, der ihm selbst, dem Ehrenwerten Robert (»Bobby«) Peel, der 1829 die Gründung der Londoner Stadtpolizei veranlasste, seinen Spitznamen und seine Aufgabe verdankt.

MY
FRUIT SALT

Robin Hood's Bay

Ein paar Meilen von der berühmten Abtei von Whitby entfernt, schmiegen sich an der Küste des »unbezähmbaren Yorkshire« die robusten, mit roten Ziegeln gedeckten Fischerhäuser des Ortes Robin Hood's Bay an die Felsen. Am Fuße der von der Nordsee umtosten Klippe erinnern Befestigungsmauern an die Zeit der Wikingereinfälle und der Eroberung durch die Normannen. Der Name »Robin Hood's Bay« verdankt sich einer Legende von Robin Hood, der dort seine Schiffe vertäut haben soll. Auf jeden Fall besitzt das Dorf unterirdische Verstecke, in denen die Fischer Schmuggelware verbargen. Der einsame Sandstrand von Robin Hood's Bay war für Schmuggelgeschäfte wie geschaffen. Bei Ebbe zieht sich das Meer so weit zurück, dass die Schiffe auf offener See bleiben und die Menschen ihre Beute zu Fuß befördern konnten.

Fischerin aus Cullercoats (rechts)

Diese herausfordernd breitbeinig dastehende rothaarige junge Frau mit rosigen Wangen ist eine Nachfahrin der Kelten, eine Fischerin aus Northumberland, der nördlichen Bastion der römischen Provinz Britannia. Weiter sind Kaiser Hadrians Soldaten auf ihrem Weg nach Norden nie gekommen. Von der Irischen See bis zur Nordsee durchzieht der Hadrianswall dieses »Land der Kohle und Schiffe, der Schlösser und der Flüsse, die aus einsamen Mooren in lärmende Meereshäfen hinabfließen …«. Seit dem Jahr 122 markiert er die Grenze zwischen Schottland und England. Der 1682 gegründete Hafenort Cullercoats am östlichen Ende des Walls lebte vom Kohlebergbau und vom Handel mit Meersalz. Beides ging Hand in Hand: Man benötigte die Kohle zur Erwärmung der Meerwasserbecken, in denen das Salz gewonnen wurde. Anfang des 18. Jahrhunderts kam dieser Wirtschaftszweig zum Erliegen, und die Bewohner von Cullercoats kehrten zu ihren Fischerbooten und zu ihren Netzen zurück. Bei einer Erhebung im Jahr 1861 wurden sechshundert Einwohner gezählt, darunter 156 Fischer, 16 Fischerinnen, sechs Küstenwächter, die Witwe eines Küstenwächters, 18 Seeleute, 25 Brauereiangestellte und ein Minderjähriger! Zwanzig Jahre später, nachdem die Blyth and Tyne Railway Cullercoats einen Bahnanschluss beschert hatte, war die Bevölkerung auf zweitausend Menschen angewachsen; unter ihnen befanden sich »viele Besucher« – die Stunde des Badetourismus hatte auch in Cullercoats geschlagen.

St. Michael's Mount bei Penzance

Diese sonderbare kleine Insel, die wie ein komischer Hut oder eine gigantische Muschel im smaragdgrünen Meer zu schwimmen scheint, ist der britische Vetter des Mont-Saint-Michel vor der Küste der Normandie, St. Michael's Mount in Cornwall. Eine etwa achthundert Meter lange Straße verbindet die Insel bei Ebbe mit dem Weiler Marazion bei Penzance, der im Vordergrund an ein paar Dächern erkennbar ist. Bei Flut wahrt die Insel Distanz und verschanzt sich hinter ihrer Befestigungsmauer. Wie der französische Mont-Saint-Michel beherbergt auch St. Michael's Mount ein Kloster und ist ein Wallfahrtsort: Im 5. Jahrhundert n. Chr. soll einem Fischer der Erzengel Michael erschienen sein – auf dem Wasser wandelnd, sagen die einen, auf dem Gipfel der Insel sitzend, sagen die anderen ... Nachdem sich Wilhelm der Eroberer England untertan gemacht hatte, fiel St. Michael's auf eher prosaische Weise an die französische Krone. Seit dem 17. Jahrhundert gehören Schloss und Abtei der Familie St. Aubyn, die die durch ein Erdbeben zerstörte Kirche wiederaufbaute.

Aberystwyth, Devil's Bridge (links)

Das an der Felsenküste von Cardigan gelegene Aberystwyth ist Universitätsstadt, Hafenstadt und seit dem 19. Jahrhundert ein belebtes Seebad – das »Biarritz von Wales«, behaupteten die Reiseführer. Zwölf Meilen trennen Aberystwyth von der Pont-ar-Mynach oder Devil's Bridge (Teufelsbrücke), über die seit den 1890er Jahren die Eisenbahn durch das pittoreske bewaldete Tal von Rheidol fährt. Ist man erst einmal an der Brücke angelangt, braucht man nur noch die Treppe hinabzusteigen, um zum Grund der Schlucht zu gelangen. Die alte Devil's Bridge wurde im 11. Jahrhundert von den Mönchen der Abtei Strata Florida über der Mynach errichtet – einem reißenden Wasserlauf, der sich 43 Meter tief in den Fels eingegraben hat. Im 18. Jahrhundert wurde ein weiterer Brückenbogen errichtet, 1901 ein metallenes Viadukt.

Lake District, Lake Windermere

In den Bergen von Cumbria – den »englischen Alpen« – transportiert eine dampfbetriebene Fähre eine Kutsche mit Sommerfrischlern von einem Ufer des Windermere-Sees ans andere. Der Lake District, eine einsame Gegend mit Bergen und grünen Hügeln, war zu Beginn des 19. Jahrhunderts die Lieblingsregion der romantischen englischen Dichter Coleridge, Wordsworth und Southey, die auch »Lake Poets« genannt wurden. Erfüllt von melancholischen Träumereien, verlebten die drei am Ufer der Seen ebenso regnerische wie sonnige, zum Nachdenken einladende Tage. Doch die Nebel des Lake District nährten zu jeder Zeit die kollektive Phantasie, und die mündlich überlieferten Geschichten sind ausgesprochen unterhaltsam, wie zum Beispiel die Legende vom weißen Pferd, dessen Geist Unheil verheißend von Strand zu Strand irrt. Oder die Geschichte von Tizzi-wizzie, einer Wasserkreatur mit dem Körper eines Igels, dem Schwanz eines Eichhörnchens und den Flügeln einer Biene.

Isle of Man, Laxey Wheel (rechts)

Die Isle of Man sieht aus, als sei ein Stein in die Irische See geworfen worden. Der Guide Joanne von 1912 bezeichnete sie als »Kuriosität unter den britischen Inseln«. Die Insel hat ein Zweikammernparlament, das Tynwald, bestehend aus dem House of Keys – dem Unterhaus – und dem Legislative Council – dem Oberhaus. Außerdem ist sie die Heimat der schwanzlosen Katzen. Und zu guter Letzt besitzt sie auch noch die »Lady Isabella«, das stolze Wasserrad, das der Gouverneur bei der Einweihung im Jahr 1854 auf den Vornamen seiner Gattin taufte. Das von dem Ingenieur Robert Casement konstruierte Rad misst 22 Meter im Durchmesser und pumpte Wasser aus den Minen von Glen Moar – mehr als tausend Liter pro Minute. Als die Anlage 1929 geschlossen wurde, erwarb Mr Edwin Kneale Laxey Wheel und machte daraus eine Touristenattraktion. 1965 übernahm dann die Inselregierung die Verantwortung dafür. »Und es dreht, dreht und dreht sich, das Rad von Laxey / in Erinnerung an Isabella …« heißt es in einem Volkslied.

Schottland

Die Heimkehr der Herde

Ein blassblauer Himmel, vom Ende des Tages kündend, taucht das düstere schottische Heideland in Licht. Gebannt von dieser Klarheit, folgt der Blick der weißen Herde, die in langer Reihe den Gipfel des Hügels erklimmt. Die ersten Tiere sind schon weit voraus und trotten langsam auf die letzte Wegbiegung zu.

Lässt man die Schafe auf ihrem friedlichen Kreuzzug außer Acht, entdeckt man im Vordergrund das Trio aus Schäfer und zwei Hunden. In der Gewissheit, dass die Schafe in guter Obhut sind, kann das Auge nun in aller Ruhe über die Landschaft schweifen, die das Photochrom auf so schöne, malerische Weise einfängt. Wie ließe sich eine solche Szene ohne Farbe wiedergeben? Die ganze Tonleiter von Grün-, Braun- und Gelbtönen wird hier durchdekliniert, bis zu einem ins Violette spielenden Rosa – Andeutung des Sonnenuntergangs, der bald den ganzen Horizont in Farbe tauchen wird …

Loch Awe, Kilchurn Castle

Die einsamen Ruinen des seit 250 Jahren unbewohnten Schlosses von Kilchurn spiegeln sich im Loch Awe im Südwesten des Schottischen Hochlands wider. 1450 ließ Colin Campbell, der erste Laird of Glenorchy, das Schloss errichten. Mit seinem großen, fünfstöckigen Turmhaus, dem Vorhof und den Umfassungsmauern nahm Kilchurn Castle ursprünglich fast die gesamte kleine Insel ein, auf der es erbaut wurde. Heute steht es auf einer Halbinsel – 1817 wurde der Seegrund ausgebaggert, und der Wasserspiegel senkte sich. Im 17. Jahrhundert baute Sir John Campbell das Schloss zu einer Festung aus, um darin die Truppen von Wilhelm III. von Oranien, dem Gatten der neuen englischen Königin Maria II. Stuart, zu empfangen. Doch die Herrscher wählten Fort William als Standquartier, und Sir John hatte das Nachsehen. 1740 verließen die Campbells Kilchurn, um sich auf ihren Ländereien von Perthshire auf Taymouth Castle im Osten Schottlands zurückzuziehen. Kilchurn Castle stand fortan leer und wurde 1760 vom Blitz getroffen. Es ist nie mehr aus seinen Ruinen auferstanden.

Dumfries, the Sands

1900 war Dumfries im Südwesten der schottischen Lowlands ein großer Marktflecken mit wehrhaften Häusern aus rotem Sandstein und lebte von den Reichtümern, die ihm der River Nith bescherte. Der Ort, der weit hinten in der ausgedehnten, sumpfigen trichterförmigen Flussmündung liegt, war seinerzeit ein prosperierendes landwirtschaftliches Zentrum, in dem regelmäßig Tiermärkte stattfanden. Auf dem Bild sieht man Bauern aus dem Umland, die auf Käufer für ihre Tiere warten. Selbst dieser Ort erhielt kürzlich eine Skateboard-Piste. Dumfries lebt heute vom Tourismus, insbesondere von dem Kult, der Robert Burns, dem berühmtesten schottischen Dichter, zuteilwird. Über einen Robert-Burns-Rundweg gelangen Besucher zu den von »Rabbie« besuchten Orten, zu den Gasthöfen, in denen er seine Balladen komponierte, zum Bauernhof, auf dem er lebte, zu dem Haus, in dem er verschied und zu dem Friedhof, auf dem seine sterblichen Überreste ruhen.

Irland

Glengarriff, Roche's Royal Hotel

Im Südwesten Irlands, von Cork bis Macroom und Bantry, »erübrigen sich Loblieder auf die landschaftlichen Schönheiten des Killarney-Distrikts«, liest man im Guide Joanne von 1912. Eine enthusiastische Äußerung von Paul Morand untermauert dieses Urteil: »Es war das Paradies!« Minutiös beschrieb Morand die üppige Vegetation, die Opulenz der Parks, »mit riesigen Rhododendren unter den Bäumen«, schilderte Rasenflächen »von einem perfekten Grün, auf denen Kühe, schwarz wie Ebenholz, schlummerten«. Das in der Bucht von Bantry gelegene Glengarriff war zu Beginn des 20. Jahrhunderts ein bekannter Touristenort. Von Cork aus erreichte man ihn über die »Prince-of-Wales-Route«, benannt nach dem späteren König Eduard VII., der sie im Jahr 1848 benutzte – eine Strecke, die Reiseführer von gestern und heute Besuchern wärmstens ans Herz legen. Das Roche's Royal Hotel von Glengarriff war ganz offensichtlich ein »hotel with a view« – ein Hotel mit Aussicht. Was für ein heiterer, für den Süden Irlands typischer Anblick, eine Gegend, in der man unabhängig vom Wetter mit »What a lovely day!« – »Was für ein schöner Tag!« – grüßt.

Dublin, Sackville Street und O'Connel Bridge

Dublin, seit 1921 Hauptstadt der Republik Irland, bleibt »für jeden Nichtiren ein Buch mit sieben Siegeln« (Michel Déon). Entzweit durch den Kampf gegen die englischen Unterdrücker auf der einen und durch die Auseinandersetzungen zwischen einer überwältigenden katholischen Mehrheit und einer protestantischen Minderheit auf der anderen Seite, sei Dublin geeignet, »das Herz mit Verzweiflung zu erfüllen …, eine Stadt, die für die Freiheit Irlands schrecklich geblutet hat …, in der die Armut durch die Nachbarschaft schöner Viertel umso eindrücklicher vor Augen tritt«. Vor der Unabhängigkeit lagen diese schönen Viertel in der unmittelbaren Umgebung der Sackville Street, in der Hotels wie das Imperial, das Metropole und das Edinburgh standen … Die Sackville Street mündet bei der Statue von Daniel O'Connell (hinter der Brücke im Mittelgrund) auf die O'Connel Bridge, die über die Liffey führt. O'Connell – »the Liberator« genannt –, zwang das britische Parlament 1829 zur Verabschiedung der *Catholic Emancipation Bill.* Doch dieser Sieg beendete weder die Unterdrückung Irlands durch England noch die elenden Lebensbedingungen der irischen Bevölkerung, die schließlich dazu führten, dass etwa zwei Millionen Iren in der Mitte des 19. Jahrhunderts das Land verließen. »Ich breche auf …, um die Wirklichkeit der Erfahrung zu suchen und in der Schmiede meiner Seele das meiner Rasse eingeborene Bewusstsein zu formen.« Dies sind die Abschiedsworte des großen Schriftstellers James Joyce, der Irland am 1. Dezember 1902 verließ und seinen Traum fortan ruhelos umherirrend zu verwirklichen suchte.

Irish Colleen (junge Irin) (rechts)

»How sweet are thy Maidens / Oh, Land of the Green« – »Wie süß sind die Mädchen / O grünes Land!« Diese in einen großen, grünen Wollschal mit langen Fransen gehüllte Frau ist der Inbegriff einer jungen Irin. Auf ihrem braunen, stellenweise flammend rot aufblitzenden Haar trägt sie ein Kopftuch aus gemusterter Baumwolle, dessen Enden zu einer Art Hemdbrust übereinandergeschlagen sind. Die lange weiße, traditionelle Baumwollschürze betont die Taille.

Nordirland – Giant's Causeway

Man musste schon gut zu Fuß sein, wenn man sich auf den Giant's Causeway begab, ehe im Jahr 1830 die Küstenstraße angelegt wurde. Allerdings rastete man vorher in Bushmills, dessen berühmter Whiskey auch weniger durchtrainierten Touristen wieder Mut machte. Was für ein Schauspiel, dieses Durcheinander aus großen Basaltsäulen, die sich eng aneinandergeschmiegt bis zum Meer fortsetzen, um sich dort zu verlieren! Vierzigtausend »von den Wogen der Jahrhunderte geformte Säulen« (Betrand d'Aram), ein Lavafeld, das beim Abkühlen zu phantastischen Blöcken erstarrte. Wer allerdings Legenden liebt, schenkt lieber der Überlieferung Glauben, der Riese Finn McCool, der die Armee des Königs von Irland anführte, habe diese Straße angelegt, um trockenen Fußes zu seiner Geliebten auf der schottischen Insel Staffa zu gelangen.

Carrick-a-Rede und die Steilküste von Larrybane

Folgt der Reisende vom Causeway aus dem Küstenweg weiter nach Osten, gelangt er in die Bucht von Larrybane, wo ihn ein atemberaubendes Schauspiel erwartet: Eine mehr als 25 Meter weit über das Nichts führende schwankende Seilbrücke verbindet die Steilküste mit der Insel Carrick-a-Rede (gälisch: Felsen über der Straße). Es waren Fischer, die dieses kühne Konstrukt Anfang des 19. Jahrhunderts errichteten. Sie warfen ihre Netze von der Brücke aus, um Lachse zu fangen, die die Meerenge auf ihrer Wanderung in Schwärmen durchschwammen. Dieses Schauspiel wiederholt sich jedes Jahr von April bis September, und Touristen sind herzlich eingeladen, die Brücke zu überqueren, um beim Fischfang zuzuschauen … Es sei ihnen allerdings empfohlen, den Hund im Auto zu lassen – schenkt man nämlich Berichten aus dem 19. Jahrhundert Glauben, musste nicht nur *ein* Fischer ohnmächtig dabei zusehen, wie sein vierfüßiger Begleiter, von einem Windstoß ergriffen, von der Brücke segelte.

Niederlande

Amsterdam, Oudezijds Achterburgwal

Sobald eine Stadt »Wasserstraßen« besitzt, wird sie mit Venedig verglichen. Das gilt für Amsterdam, Rotterdam und viele weitere Städte in den Niederlanden und ganz Nordeuropa. Dieser von hohen Häusern gesäumte Kanal führt durch das lebhafteste Viertel von Amsterdam, Oudezijds Achterburgwal – das heutige Rotlichtviertel, in dem Neonröhren die Passanten auf Vitrinen aufmerksam machen, hinter denen Prostituierte auf Freier warten.

Rotterdam, Coolvest und die Windmühle De Hoop

Vor 1900 war Coolvest eines der authentischsten Stadtviertel Rotterdams. Große Kähne verkehrten auf dem Kanal, dessen Wasser zwischen zwei mit Bäumen bepflanzten Uferpromenaden träge dahinfloss. Rote Backsteinhäuser mit volutengeschmückten Giebeln spiegelten sich im Wasser, unter den Fenstern fuhren Kutschen vorbei. Am Kanalufer drehten sich die schwarzgeäderten Flügel der Windmühle De Hoop, die Théophile Gautier mit »vom Sonnenmikroskop um ein Mehrtausendfaches vergrößerten Libellenflügeln« verglich. In den 1920er Jahren verschwand der Kanal auf Anregung des Rotterdamer Bürgermeisters Zimmerman vollständig unter einer breiten Straße, und aus Coolvest wurde Coolsingel.

Scheveningen, Strand und Casino

Bis zu Beginn des 19. Jahrhunderts war Scheveningen ein friedliches Fischerdorf, in dem Maler gerne ihre Staffelei aufstellten. So manches holländische Landschaftsgemälde zeigt den Himmel und die flachen Kähne dieses Ortes. 1818 inspirierte die zunehmende Beliebtheit des Meerbades einen gewissen Jacob Pronk, auf der den Strand beherrschenden Düne eine kleine Kuranlage zu errichten. Ursprünglich handelte es sich lediglich um eine Bretterkonstruktion mit vier Kabinen für die Badegäste; 1824 erhielt das Etablissement den Status einer kommunalen Einrichtung. Parallel dazu beschleunigte der Bau einer neuen Verbindungsstraße zwischen Scheveningen und Den Haag den Aufschwung des immer beliebter werdenden Kurorts. 1885 öffnete ein erstes Hotel-Casino seine Pforten. Nachdem ein Feuer es im Jahr darauf zerstört hatte, wurde es wiederaufgebaut und fortan unablässig vergrößert.

Utrecht, Oudegracht und Bakkerbrug

Beim Anblick dieses Photochroms denkt man unwillkürlich an eine Beobachtung von Théophile Gautier: »Dieses Bild zeigt eine x-beliebige holländische Stadt: rote Backsteinmauern, Bäume, einen Brückenbogen, Dächer, von einem Kirchturm oder einem Belfried überragt, einen Kanal mit Uferpromenade im Vordergrund.« Alles ist da: der Alte Kanal, die Bakkerbrug und im Hintergrund der Kirchturm der Domkerk!

Dordrecht, Voorstraatshaven (rechts)

Die Stadt Dordrecht mit ihren breiten Wasserstraßen, wo sich die Merwede in drei Arme teilt, trägt noch heute den Stempel ihrer Vergangenheit als wohlhabende Hafenstadt. Hier wird Geschichte greifbar. Das historische Zentrum von Dordrecht ist das Viertel Voorstraatshaven. In den mit roten Klinkern gepflasterten Straßen gibt es heute Boutiquen in Hülle und Fülle. Im Jahr 1900 war Voorstraatshaven nur eine große, von hohen Giebelhäusern gesäumte Wasserader, ein smaragdgrüner Kanal zwischen Himmel und Erde. Im Hintergrund ein früher Wolkenkratzer: der unvollendete Turm der gotischen Grote Kerke (Große Kirche).

Fischer auf der Insel Marken

Auf diesen Bildern ist eine typisch holländische Landschaft zu sehen: Wir befinden uns auf der ehemaligen Halbinsel Marken. Sie wurde im 18. Jahrhundert durch einen gewaltigen Sturm, der mehr als zwei Kilometer Küste fortschwemmte, vom Festland abgetrennt und erst 1957 durch einen Damm wieder damit verbunden. Um 1900 war das Dorf Marken ein kleiner Hafenort, der von der Fischerei lebte. An den Ufern, die nur wenige Zentimeter aus dem Wasser ragten, wohnten die Fischerfamilien in Holzhäusern auf Stelzen, um sich gegen eindringendes Wasser zu schützen, das die Wiesen bei Springflut gerne überschwemmte. Männer, Frauen und Kinder kleideten sich in lebhaften Farben. Die Tracht der Einheimischen war schon immer Bestandteil der lokalen Folklore – es heißt sogar, ein paar Unverdrossene lehnten das Tragen von Konfektionskleidung noch heute ab! Die frischen Farben des Frühlingshimmels und der unendliche Horizont begrenzen diese Ebene, auf der sich noch der kleinste Schiffsrumpf, der winzigste Zaun abzeichnen und Kontur gewinnen.

Belgien

Blick auf Antwerpen

Im Vordergrund trifft der Blick auf Giebelfassaden, die sich zu einer Straßenecke formen, dann gleitet er weiter nach oben und schweift über die dunkelblaue Masse aus Dächern und Kirchtürmen bis zur hellblauen Linie der Schelde. Er streift die lange Reihe der Drehkräne, die ihre Ausleger auf den Fluss hinausrecken und kann den Hafen nur erahnen – diesen Hafen, der Antwerpen in der Zeit von Peter Paul Rubens und Karl V. seinen Reichtum verdankte. Weiter hinten verliert sich das Auge in den Poldern des linken Schelde-Ufers und bleibt schließlich am blauen, blassgrünen Horizont hängen, hinter dem sich die Vlaamsch Hoofd, eine flache Halbinsel, erstreckt.

Brüssel, Grote Markt / Grand Place

Auf der Grand Place in Brüssel, einem der authentischsten erhaltenen Beispiele flämisch-spanischer Baukunst, erheben sich zu beiden Seiten des Rathauses (das hier nicht zu sehen ist) die Zunfthäuser der Binnenschiffer, der Händler, der Bogenschützen, der Buchdrucker usw. Linker Hand ist das Haus zum Schwan (der Schwan war das Symbol der Fleischerzunft) zu sehen, dessen Giebel die Skulptur eines Schwans mit gespreizten Flügeln krönt. Zu Füßen der reich geschmückten Fassaden wurde täglich unter freiem Himmel Markt gehalten; Blumenduft mischte sich mit dem Geruch von Naschwerk. In den Wirtshäusern zwängten sich Händler mit hartgekochten Eiern oder »Couques« (trockenem Gebäck) zwischen den voll besetzten Eichentischen hindurch, an denen man sich an Gerstenmalz- oder Hopfenbier labte.

Brüssel, Galéries St. Hubert

Unter dem Glasdach der Galérie de la Reine, das in achtzehn Meter Höhe das Licht filtert, bewundern einheimische oder fremde Spaziergänger die Architektur der ausnahmsweise fast menschenleeren Passage. Die drei Galerien, die König Leopold I. 1847 eröffnete, hatte der flämische Architekt Cluysenaar entworfen. Das Palladio-Motiv, die von Pilastern eingefassten Arkaden, die antiken Statuen in den Nischen verweisen eindeutig auf die italienische Renaissance. Kaum eröffnet, war die Passage bereits ein allseits beliebter Aufenthaltsort. Die Zeitschrift *La Chronique* (in deren Redaktion 1896 die erste öffentliche Darbietung des Lumière-Cinematographen erfolgte), das Theater (1847) und das Vaudeville (1884), die Confiserie Jean Neuhaus (1857) und das Café de la Renaissance hatten hier ihr Domizil. Im Café de la Renaissance (dem jetzigen Restaurant der Galéries) fand der Brüsseler Künstler- und Literatenzirkel eine Heimat; im Laufe der Jahre kehrten zahlreiche Schriftsteller dort ein: Victor Hugo, Charles Baudelaire, Guillaume Apollinaire, Paul Verlaine und Arthur Rimbaud …

LIBRAIRIE VAN GOETHEM
LA LIEGEOISE

Brügge, Brücke zum Beginenhof und Turmspitze der Liebfrauenkirche

Der französische Schriftsteller Joris-Karl Huysmans bezeichnete Brügge als »reizende …, zugleich mystische und dämonische, kindische und ernsthafte« Stadt. Das reizende Brügge können Besucher erleben, wenn sie auf den Promenaden im Schatten ehemaliger Befestigungsanlagen herumspazieren, sich durch die Straßen und an Kanälen entlang treiben lassen und dabei dem Geläut der 48 Glocken der Liebfrauenkirche lauschen. Auf dem in frischen Farben gehaltenen Photochrom ragt hinter dem Giebel eines schönen roten Backsteinhauses am kleinen Wijngaardplein die filigrane Turmspitze der Liebfrauenkirche hervor. Die hübsche Brücke mit den drei Bogen, die in den abgeschiedenen Beginenhof führt, die friedlich am Kanal spielenden Kinder, der elegante Spaziergänger, der den Betrachter ansieht, runden dieses bukolisch anmutende Bild ab.

Gent, St. Nikolaus, Rathaus und St. Bavo (links)

Gent, am Zusammenfluss von Leie und Schelde gelegen, ist auf sage und schreibe 26 kleinen Inseln erbaut, die durch etwa hundert Brücken miteinander verbunden sind. Die ehemalige Hauptstadt Flanderns besitzt zahlreiche sehenswerte Bauwerke: Im Vordergrund sieht man St. Nikolaus, die älteste Kirche Gents, deren wehrhafter Turm den Korenmarkt dominiert. Dahinter ist der Belfried zu erkennen, das Symbol bürgerlicher Unabhängigkeit, auf dessen Spitze die kupfernen und goldenen Flügel eines Drachens aufblitzen; ganz im Hintergrund zeichnet sich der Glockenturm der Kathedrale St. Bavo ab. »Blick von St. Bavo herab …, 450 Stufen sind zu bewältigen. Gent hat sich seine gotische Gestalt fast genauso gut bewahrt wie Antwerpen«, schrieb Victor Hugo. Er besuchte die Krypta, ein »schönes, erhabenes Untergeschoss«, mit dem Grabmal Hubert van Eycks, bewunderte die kupfernen Renaissanceleuchter, die vor dem Brand in St. Paul's Cathedral aus London gerettet worden waren, und schloss: »Ihre Kirche ist abgebrannt, ihr Küster ist tot …; sie [die Leuchter] sind noch da, weil sie schön sind, und man bemerkt sie nur wegen ihrer Schönheit: Geschichte vergeht – Kunst bleibt.«

Frankreich

Paris, Riesenrad

Dieser Zwilling des »Big Wheel«, das der Amerikaner George Washington Gale Ferris 1893 für die Weltausstellung in Chicago konstruiert hatte, gehörte zu den Attraktionen der Weltausstellung von 1900 und konnte 1200 in vierzig Kabinen zusammengepferchte Menschen in schwindelerregende Höhen befördern. Eine Runde dauerte ungefähr eine Stunde – mit einem Zwischenstopp ganz oben, sodass die Passagiere in aller Ruhe die Ausstellung hundert Meter unter ihnen betrachten konnten. Dass das Riesenrad in der Avenue de Suffren stand, ganz in der Nähe des Eiffelturms, mutet ziemlich paradox an, wenn man weiß, dass sein amerikanisches Vorbild dem einzigen Zweck diente, dem Werk Gustave Eiffels Konkurrenz zu machen! Der unglückliche Ferris bekam weder diese verspätete Weihe noch den Abriss seines »Big Wheel« im Jahr 1906 mit, an dem in Amerika niemand mehr das geringste Interesse zeigte. Verarmt war er bereits 1896 gestorben.

Mers-les-Bains und Le Tréport

Le Tréport mit seinen schönen Häusern aus Stein und Klinker, die sich terrassenförmig an einem Kreidefelsen hinaufziehen, und seinem Strand Mers-les-Bains war zur Zeit der Belle Époque ein beliebtes Seebad, in dem jedes Wochenende Scharen von Pariser »Touristen« aus dem Zug stiegen. Der friedliche kleine Hafenort, den Victor Hugo liebte, hatte sich seit Mitte des 19. Jahrhunderts stark verändert: So berichtete ein Chronist um die Jahrhundertwende, der Strand zähle inzwischen »fast genauso viele Badende wie Kieselsteine«. Immerhin hat man von der Oberstadt aus eine sehr schöne Aussicht. Jenseits der Dächer, die bereits eher flämisch als normannisch anmuten, kann der Blick ungehindert bis zu der Stelle schweifen, an der der weiße Strand auf die Felsklippe trifft, und von dort aus – wie Victor Hugo es sich erträumte – über das Meer hinaus zum Horizont gleiten: »Oh! Dort spürt man das Vibrieren von Flügeln. Wenn ich mein Nest nicht in Paris hätte, würde ich mich in die Lüfte schwingen!«

Calais, Hôtel de Guise (rechts)

Vom mittelalterlichen Calais, das die Engländer plünderten und zweihundert Jahre lang besetzt hielten, ist nur wenig erhalten: Am Beginn der Rue Royale steht dieses von zwei Türmchen flankierte Tor – als Hommage an François de Guise, der die Stadt 1558 befreite, »Hôtel de Guise« genannt –, tatsächlich ein Überrest der Ende des 14. Jahrhunderts im Stil der englischen Gotik erbauten Händlerbörse. Calais verdankte seinen Wohlstand vor allem seiner Nähe zu England; seit der Eröffnung des neuen Hafens mit seinem mehr als einen Kilometer langen Pier im Jahr 1889 konnten die Passagierschiffe, die zwischen Calais und Dover verkehrten, bei Ebbe *und* Flut anlegen.

CAVES
DELECHER
A. DELECHER
AMER. 2 MÉDes D'OR
Spé D'APÉRITIFS
BYRRH

Honfleur, Lieutenance

Der amerikanische Schriftsteller James Fenimore Cooper, der 1833 nach Frankreich reiste, war von Honfleur vor allem wegen der »zahllosen alten und dunklen Bauwerke« beeindruckt, deren Atmosphäre ihn an »bestimmte flämische Gemälde« erinnerte. Auch wenn der Tourist aus der Neuen Welt die Farbgebung »imponierend und schön« fand, vermisste er anfangs »lebhaftere Töne, … die den Anblick fröhlicher und gefälliger gemacht hätten«. Endgültig bekehrt, verkündete er schließlich, Farbe passe hier ebenso schlecht zur Architektur wie zur Landschaft: »Als ich mich etwas daran gewöhnt hatte, wurde mir klar, dass ich einer Geschmacksverirrung aufgesessen war«, schloss er.

Hier ragt die düstere und massige Lieutenance auf dem Kai von Honfleur in einen klaren Himmel. Kutschen und Menschen beleben die Szenerie.

Trouville, Promenade und Grand Salon

Zwischen Honfleur und Trouville pendelte während der Belle Époque ein kleines Passagierschiff an der Côte de Grâce entlang, das vergnügungssüchtige Touristen zur »Königin der Strände von Calvados« brachte. Trouville war um 1900 das am besten besuchte Seebad der Normandie und lief dem benachbarten Deauville, seinem großen Rivalen, den Rang ab: Zwei Kasinos, zwei große Badeanstalten, ein Theater, Tennisplätze und Hotels aller Kategorien zogen zur warmen Jahreszeit Tausende von Sommergästen an. In seinem Buch *Voyage d'un petit Parisien à la mer* (1898) beschrieb der französische Reiseschriftsteller Constant de Tours die Promenade vor dem Casino-Salon und den großen Hotels wie folgt: »Wenn man diese zahllosen grellbunten Badenden grüppchenweise herumlaufen, sich vermengen und durcheinandergeraten sieht, könnte man sie für ein Kaleidoskop mit vielfarbigen, unablässig ineinandergleitenden Facetten halten.«

Saint-Malo, Strand bei Ebbe

In Saint-Malo mit seinen Befestigungsmauern, die Gustave Flaubert mit einer »den Wogen aufgesetzten Steinkrone« verglich, grenzen die Felsen, die die Festungsanlage an der Mole umgeben, an »tausend Badewannen aus Granit«. Victor Hugo, der Befestigungsanlagen und Zitadellen verabscheute, aber das Meer liebte, stürzte sich an einem heißen Sommertag des Jahres 1835 mit Wonne in diese Wasserbassins. Begeistert ließ er sich »von den schäumenden Wogen« durchschütteln, die ihn »ungefähr zehn Mal rückwärts auf den teuflisch spitzen Felsen« schleuderten. Sechzig Jahre später genossen weniger abenteuerlustige Badende am selben Strand ihren Aufenthalt in Saint-Malo auf ruhigere Weise. In der Belle Époque war der Ort ein renommiertes Seebad mit guten Hotels, die vermögende Stammkunden empfingen. Das Luxushotel Franklin (auf dem Photochrom links zu sehen) stand neben dem Casino in der Chaussée du Sillon. Vor dem Deichbau war diese Straße über die Landenge die einzige Verbindung zwischen der Stadt und dem Festland.

Nantes, Zusammenfluss von Erdre und Loire

Die ehemalige Kapitale des Herzogtums Bretagne ist eine strenge, ehrgeizige, rebellische Stadt mit bewegter Vergangenheit. Diese außergewöhnliche Ansicht wurde von der Île Feydeau aus aufgenommen. Sie stammt aus einer Zeit, in der die Bahnverbindung zwischen Orléans und der Gare de la Bourse noch mitten durch die Stadt führte. Mit seinen fein abgestuften kühlen Farbtönen wirkt das Bild beschaulich und lebhaft zugleich. Wird der Blick zunächst von den tiefen Smaragdtönen des Wassers am Zusammenfluss von Erdre und Loire angezogen, gleitet er bald über den blassen, verschleierten Himmel, der sich harmonisch zu den blaugrauen Schieferdächern der weißen Steinhäuser fügt. Links oben reckt die Kirche Saint-Nicolas ihre graue Spitze in den Himmel. Lässt man den Blick von rechts nach links schweifen, entfaltet sich vor einem die prächtige Rauchfahne der Lokomotive in Spiralen aus gedämpftem Weiß.

Paris, Weltausstellung von 1900, Wasserschloss (folgende Doppelseite)

Sie wollte unvergesslich sein – die fünfte Weltausstellung in Paris, mit der das erste Jahr des neuen Jahrhunderts eingeläutet werden sollte. Vom neuen Pont Alexandre III bis zum Eiffelturm verlief ein Rollweg mit Panoramablick – ein absolutes Novum –, der überdies »Gelegenheit bot, sein Hinterteil« zu zeigen. Diese Beobachtung machte zumindest Georges Courteline, der berühmte Komödienautor, der gesehen hatte, wie die neue Anlage einige Unterröcke (auf reizende Weise) hatte hochwehen lassen. Auf diesem großartigen Photochrom ist eines der berühmtesten Gebäude der Ausstellung zu sehen: das Palais de l'Électricité, das zum Ruhm der Elektrizität – »der Religion des 20. Jahrhunderts«, um mit Paul Morand zu sprechen – errichtet worden war. Davor blitzen die farbenfrohen Wasserspiele des Wasserschlosses auf, von fünftausend Glühlampen beleuchtet. Diese Kulisse, die aus *Tausendundeiner Nacht* stammen könnte, verschlug den Besuchern, die sich rund um das Becken versammelt hatten, um bloß nichts zu verpassen, den Atem. Könnte man sich ein besseres Ausstellungssouvenir erträumen als diese wunderbare Aufnahme aus einer Zeit, in der nur das Photochrom in der Lage war, ein solches Spektakel wiederaufleben zu lassen?

Lyon, Saône-Ufer

Reisende des 19. Jahrhunderts zeichneten in ihren Beschreibungen ein sehr widersprüchliches Bild von Lyon. Charles Dickens empfand das in der Stadt herrschende Elend 1837 als so furchteinflößend, dass er sich schwor, in Zukunft »einen Umweg von mehreren Meilen zu machen, um jedes weitere Wiedersehen zu vermeiden«. Einige Jahre später schrieb Flora Tristan, man müsse in Lyon »den Kopf heben …, um zwischen zwei Mauern einen Zipfel blauen Himmel zu erhaschen«. Stendhal hingegen, der sich im selben Jahr wie Dickens in der Stadt aufhielt, sprach von Lyon mit Enthusiasmus: Man speise dort vortrefflich, besser als in Paris. Er habe »22 Arten, Kartoffeln zuzubereiten«, entdeckt; zwölf davon seien Originalrezepte. 1898 schrieb der Maler Camille Pissarro in einem Brief an seinen Sohn Lucien, dass Lyon zwar nicht pittoresk, aber »eine große, schöne Stadt« sei und die »Uferpromenaden der Saône wirklich schön« seien. Beim Anblick dieses Photochroms (das aus der Zeit Pissarros stammt) mit der blauen, im Sommerlicht dahinfließenden Saône träumt man von den überdachten Kähnen, in denen junge Mädchen zur Zeit Stendhals Passagiere zur Île Barbe brachten.

Eisenbahn bei Le Fayet, Viadukt und Blick auf den Mont Blanc (rechts)

An einem klaren Sommertag spazieren drei Personen den von Lärchen und Fichten gesäumten Weg an der Arve entlang, dem reißenden Gebirgsbach, der durch das Tal von Chamonix fließt. Die Umgebung scheint sie buchstäblich zu erdrücken: Das Tal wird beherrscht von dem gigantischen verschneiten Mont-Blanc-Massiv und von dem Viadukt Sainte-Marie durchschnitten, auf dem eine Spielzeugeisenbahn zu fahren scheint. Dieses monumentale Viadukt, mit dessen Bau die Gesellschaft PLM im Jahr 1899 begann, überquert die Arve unterhalb des Bahnhofs von Les Houches. Das erste Teilstück von Saint-Gervais-Le Fayet bis Chamonix wurde 1904 eröffnet, das letzte Stück bis zur Schweizer Grenze im Jahr 1908. Die Bahn ist noch heute in Betrieb.

Marseille, Quai de la Joliette und Messageries maritimes

»Hier ist das wahre Tor zum Orient!«, rief der guatemaltekische Reiseschriftsteller Enrique Gomez Carrillo aus, als er 1900 in Marseille von Bord ging. Er nimmt uns mit auf einen Spaziergang durch den Hafen, in dem sich Teergeruch mit Knoblauch- und Schnapsdünsten mischte, »Schiffe in Richtung Gelbes Meer« aufbrachen und »asiatische Verkäufer von seltenen Gewürzen, grellbunten Stoffen und verführerischen Parfums« sich tummelten.

An dem während des Zweiten Kaiserreichs angelegten Quai de la Joliette herrschte im 19. Jahrhundert viel Betrieb. Passagiere und Händler, die eine Schiffspassage bei der Compagnie des services maritimes des Messageries gebucht hatten, schifften sich bei La Joliette ein oder gingen an Land. Alle Nationalitäten, alle Rassen trafen hier zusammen, »Seeleute aus Skandinavien …, bedächtige Deutsche und kleine Lümmel mit Augen so blau wie das Wasser des Golfs, Orientalen aus Ägypten, Tunesien und Tripolis mit feingeschnittenen Raubvogelprofilen …«. Sie sorgten dafür, dass Marseille kosmopolitischer und exotischer als jede andere Stadt war.

Marseille, La Corniche (rechts)

Die zwischen dem Palais de Pharo und dem Prado gelegene Corniche ist eine der ältesten Marseiller Promenaden. Um 1900 begab man sich hier zu Fuß oder per Kutsche zum Abendessen ins Grand Hotel la Réserve, dessen Restaurant insbesondere für seine Bouillabaisse berühmt war. Stendhal, der gutes Essen liebte, erwähnte die Bouillabaisse 1837 in seinen *Blättern aus den Reisetagebüchern.* So hektisch sich das Stadtzentrum darbot, so ruhig führte die Corniche an kleinen Buchten mit Fischerhütten und bunten Kähnen entlang. Zwischen dem Meer und der Anhöhe mit schönen weißen Landhäusern, die sich im Grün verloren und aus deren Gärten Wohlgerüche und der Gesang der Zikaden drangen, konnte man wunderbar spazieren gehen. Die Marseiller kamen am Abend gerne hierher, um frische Luft zu schnappen und die Sonne über dem Meer untergehen zu sehen.

VINS
EPICERIE COMESTIBLE
HOTEL VICTORIA
EN FACE

Nizza, Markt

Die Vereinbarung über die Angliederung der Grafschaft Nizza an Frankreich, die Napoleon III. mit Camillo Benso Graf Cavour getroffen hatte, dem Kanzler von Viktor Emanuel II., der damals noch König von Sardinien, wenig später aber von ganz Italien war, wurde am 15. und 16. April 1860 bei einer Volksabstimmung mit einer überwältigenden Mehrheit von 25 743 Jastimmen gegenüber 160 Neinstimmen bestätigt. So avancierte das nunmehr französische Nizza während des Zweiten Kaiserreichs zum Lieblingsort des Großbürgertums, das sich – angefangen beim Kaiser und bei der Kaiserin – für die Riviera begeisterte, wo bereits Engländer und Russen ihre Winterquartiere aufgeschlagen hatten.
Um 1900 war Nizza durch einen unglaublichen Aufschwung des Fremdenverkehrs und das in Mode gekommene Baden im Meer zu einem regelrechten Sommerurlaubsparadies geworden. Die Hotels, das neue Hafenkasino auf der Promenade und der Karneval zogen jedes Jahr immer zahlreicher werdende Besucherströme an. Doch das Nizza der Jahrhundertwende war auch das alte Nizza mit kleinen Handwerksbetrieben in den Gassen, mit Knoblauchverkäufern, die vor ihrer Tür saßen, mit Märkten unter freiem Himmel – ein Ort mit »italienischem Flair«.

Grasse, die Porte-Neuve (links)

Die von Olivenhainen, Feigenbäumen und Rosenfeldern umgebene Stadt Grasse ist Nutznießerin eines besonderen Klimas, denn »nach Norden hin schützt sie ein in der Gipfelregion kahles Gebirge«, schrieb Stendhal in seinem Reisebericht *Voyage dans le midi de la France* 1838. Die mit Olivenbäumen bestandenen Anhöhen, die die Stadt beherrschen, und die engen Straßen gäben Grasse »ein ganz und gar genuesisches Gepräge«, fuhr der Schriftsteller fort. Damit haben sich die Vergleichspunkte aber auch schon erschöpft, denn Stendhal konstatierte in Grasse eine »totale Abwesenheit von Architektur und Cafés« und beklagte sich über den penetranten Harzgeruch, der aus den Parfümfabriken drang. Tatsächlich sind deren Ausdünstungen allgegenwärtig. Das heutige Grasse ist aber einer der hübschesten Orte an der Côte d'Azur. Durch die Porte-Neuve am Eingang des alten Wehrgangs gelangt man in ein Gewirr von kühlen Gässchen mit Springbrunnen, überwölbten Passagen, Portalvorhallen nach ligurischem Vorbild und Nischen: Wen es einmal nach Grasse verschlägt, der sollte diese Pforte unbedingt durchschreiten.

Cannes und die Mönchsinsel Saint Honorat

Als Napoleon bei seiner Rückkehr aus Elba an einem verlassenen Strand landete, saß dort ein Mann und schaute auf das vollkommen ruhige Meer, das nicht das leiseste Lüftchen kräuselte. Zu seiner Rechten lagen die Îles de Lérins, Sainte Marguérite und Saint Honorat mit seinem Kloster, das der heilige Honoratius um 410 gegründet hat. Er soll das Heidentum und die Schlangen, die die Umgebung unsicher machten, durch das Kreuzzeichen mit einem Mal vertrieben haben. 1838, einige Jahre nach Victor Hugo, pilgerte Chateaubriand auf die Insel, geführt von dem Gastwirt Jacquemin – jenem Mann, der schon Napoleon bei sich aufgenommen hatte. Auch Prosper Mérimée besuchte in seiner Funktion als Inspektor der historischen Denkmäler das Kloster und bat dort um eine Mahlzeit. Im Fort Royal auf Sainte Marguérite, das als Staatsgefängnis diente, waren Napoleons Mamelucken, Marschall François Achille Bazaine (der wegen seines Ausbruchs berühmt wurde) und, so sagt man, der legendäre Mann mit der eisernen Maske eingesperrt.

Korsika, Bonifacio

Das wilde und wehrhafte, als uneinnehmbar geltende Bonifacio, das sich hinter seiner Zitadelle verschanzt, wurde im Laufe der Jahrhunderte Opfer unzähliger Übergriffe. Nach den Truppen des Heiligen Stuhls besetzten es die Pisaner und Genuesen; 1767, zwei Jahre vor Napoleon Bonapartes Geburt, fiel die Stadt an Frankreich. Der Nationalökonom Adophe Jérôme Blanqui, der 1838 vom »Bürgerkönig« Louis-Philippe beauftragt wurde, einen Bericht über den »wirtschaftlichen und moralischen Zustand« Korsikas zu erstellen, war »von der besonderen Physiognomie« des schwindelerregenden Kalkfelsens, der an der Südspitze der Insel siebzig Meter hoch aus dem Wasser ragt, »beeindruckt«. Der Anblick Bonifacios, das sich an einen von Wellen zernagten, wie ein Schiffsbug geformten Felssporn klammert, hat etwas Atemberaubendes. Das Grollen des Meeres am Fuße der Steilküste, das Sirren des Windes, die Schreie der Möwen und den Geruch der Gischt muss man sich freilich hinzudenken …

Schweiz

Aletschgletscher und Aletschhorn

Zu Füßen der beiden Herren, die einem Roman von Jules Verne entsprungen sein könnten, strömt der Aletschgletscher in starren Wogen dahin. Einer der beiden beobachtet mit dem Fernglas die im Sonnenlicht weiß, grün, violett und blau changierenden Farbenspiele des Eises; der andere betrachtet, auf seinen Stock gestützt, schweigend das steinerne Meer vor sich.

Der gigantische Gletscher, der sich unter anderem aus einem Zustrom am Aletschhorn speist, ist rund 25 Kilometer lang. Zeitgenössische Reiseführer empfahlen, ihn vom Eggishorn aus zu betrachten, das über einen Saumpfad vom Bahnhof in Fiesch aus durch steil ansteigende Wälder und Weiden zu erreichen war. Dort biete sich »einer der schönsten« Ausblicke der Schweizer Alpen. Während der letzten beiden von insgesamt fünf Stunden Aufstieg schlängelt sich der Pfad am Hotel Jungfrau vorbei durch Felsen, und »man ist gut beraten, sich von einem Bergführer begleiten zu lassen«.

Die Zahnradbahn auf der Schynige Platte

Diese kleine Zahnradbahn fährt seit 1893 von Wilderswil aus bis zum Aussichtspunkt auf der Schynige Platte. In einer atemberaubenden Kulisse erklimmt sie auf einer Strecke von sieben Kilometern mehr als zweihundert Höhenmeter und passiert dabei drei der höchsten Schweizer Berge: Eiger, Mönch und Jungfrau.

Grindelwald, Wetterhorn-Aufzug (links)

Mitten im Berner Oberland liegt das Bergsteigerzentrum Grindelwald – ein Ort, der seit den 1850er Jahren berühmt ist und in dem vor allem englische Touristen gerne ihren Sommerurlaub verbrachten. Byron verlegte die Handlung seines dramatischen Gedichts *Manfred* – das den Namen einer Schlossruine im Wald von Wilderswil trägt – nach Grindelwald, und der amerikanische Historiker und Alpinist William A. B. Coolidge, ein weiterer Stammgast, hat auf dem protestantischen Friedhof des Dorfes seine letzte Ruhestätte gefunden. Grindelwald ist bekannt wegen seines Gletschers, dessen unterer Teil im 19. Jahrhundert bis an die ersten Häuser heranreichte. Er ist innerhalb von 150 Jahren um mehr als zwei Kilometer geschrumpft. Wo er einst endete, ist heute nur noch an einem schmalen Steg über der Gletscherschlucht zu erkennen. Der 1908 in Betrieb genommene Wetterhorn-Aufzug, wie die Seilbahn genannt wurde, war nach Plänen des deutschen Ingenieurs Wilhelm Feldmann gebaut worden, der auch die Wuppertaler Schwebebahn konstruiert hatte. Beim Ausbruch des Ersten Weltkriegs stellte der Wetterhorn-Aufzug den Betrieb wieder ein. Im Verkehrshaus der Schweiz in Luzern ist eine der alten Kabinen mit Balkon zu besichtigen.

Staubbachfall und Jungfrau

Holzhäuser mit großen, weit über die Fenster herabgezogenen Dächern schmiegen sich in die grüne Talmulde von Lauterbrunnen. Den Wasserfall dahinter verglich Victor Hugo mit »fallendem Rauch«. Ein Horizont ist nicht auszumachen, nur eine lichte Lücke im Bildhintergrund, wo der Blick in den rosa changierenden Weiten den verschneiten Gipfel der Jungfrau sucht.

Gletscherschlucht Rosenlaui (rechts)

In der Umgebung Meiringens befinden sich einige der beeindruckendsten Naturphänomene der Alpen: die Aareschlucht, das Quellgebiet Siebenbrunnen, die Reichenbachfälle und die Gletscherschlucht Rosenlaui. Diese wurde mit Treppen, Tunneln, Galerien, Stegen ausgestattet – »unter größtmöglicher Berücksichtigung des Naturschutzes«, wie ein alter Guide bleu darlegt. Die Besichtigung dieses Felsenmeeres, eines »veritablen Erosionsmuseums«, erfolgt unter der Leitung eines Führers, was einem beim Anblick dieses Photochroms sofort einleuchtet. Hat man den Ausgang der Schlucht erreicht, gelangt man über einen steilen Pfad in dreißig Minuten zu einem Aussichtspunkt mit wunderbarer Sicht auf den Gletscher Rosenlaui.

Panoramaansicht von Luzern

»Der See, von einem Blau wie entflammter Schwefel«, schrieb Leo Tolstoi 1857, »breitete sich reglos, spiegelnd, konvex vor den Fenstern zwischen den grünen Ufern aus …, streifte, eine dunkle Tönung annehmend, die Berge und verschwand in ihnen, den Wolken und den Gletschern, die einander überlagerten.« Ein spiegelglatter See, gegen den sich die stattlichen Gebäude Luzerns deutlich abheben, die durch ihren verschwommenen Widerschein im tiefen Wasser verdoppelt erscheinen … Hinter den von Menschenhand geschaffenen Werken gelangt die Natur wieder zu ihrem Recht. Ein sattgrüner bewaldeter Hügel mit wellenförmiger Silhouette, den man für bemoost halten könnte, schmiegt sich an den kahlen, scharfkantigen Pilatus.

Segelkähne bei Territet (rechts)

Am Genfer See, ganz in der Nähe des schicken Montreux, liegt Territet, eine jener Sommerfrischen an der Schweizer Riviera, die von Vevey bis Chillon mit Villen, Palästen und Jachthäfen gespickt ist. Schon Anfang des 19. Jahrhunderts war Territet wegen seines milden Klimas und seiner Beschaulichkeit beim europäischen Adel beliebt. Die Eröffnung der Bahnlinie ab Simplon bedeutete den endgültigen Aufschwung: 1861 hielt der Orient-Express in Territet! 1888 trat das Grand Hôtel an die Stelle des bescheidenen Gasthauses Chasseur des Alpes, das 1841 eröffnet hatte. Im Februar 1893 residierte Kaiserin Elisabeth von Österreich zum ersten Mal im Grand Hôtel. Sie sollte sich noch oft dort aufhalten, um lange, einsame Spaziergänge am See und in der Umgebung zu unternehmen. Am 10. September 1898 wurde Sissi auf der Rückkehr von einem Besuch bei der Baronin Rothschild auf dem Landungssteg des Dampfers *Genève* von dem Anarchisten Luigi Luccheni erstochen. Die Einwohner von Territet errichteten zu Ehren des ihnen teuren und berühmten Gastes auf der Place des Roses eine Marmorstatue. Sie wurde 1902 eingeweiht.

Das ehemalige Hotel Belvédère am Gornergrat, Matterhorn

Matterhorn, Monte Rosa, Dent Blanche – die drei Viertausender der Walliser Alpen liegen in unmittelbarer Umgebung Zermatts. Diese stets »das Dorf« genannte Gemeinde ist heute ein schicker, teurer – laut *Guide du Routard* unbezahlbarer – Urlaubsort. Zermatt gehört zu den ersten »Ballungszentren« des europäischen Alpinismus, denn das Matterhorn ist nicht leicht zu erobern und für Kletterfreunde nach wie vor eine beliebte Herausforderung. Noch heute führt von Zermatt aus eine Zahnradbahn bis zur Endstation Kulmhotel knapp unterhalb des Gornergrats. Dort kann man in aller Seelenruhe eines der spektakulärsten Alpenpanoramen betrachten. Die Reiseführer empfehlen, bei gutem Wetter am Spätnachmittag hinaufzufahren und sich den »grandiosen« Sonnenuntergang nicht entgehen zu lassen.

Pilatus, Aufstieg zum Esel (links)

»Der Pilatus, dieser einzigartige Gigant, setzt bei schönem Wetter seinen Hut auf und lüftet ihn bei Regen.« Dieses von Victor Hugo kolportierte Luzerner Sprichwort verweist darauf, dass ein wolkenverhangener Gipfel ein Zeichen für gutes Wetter ist, während ein klarer Himmel Regen ankündigt. Die Erklärung für dieses Phänomen liefert ein See unter dem Gipfel des Pilatus, dessen Wasser sich bei sonnigem Wetter erwärmt – was zur Wolkenbildung führt. »Je mehr Sonne, desto mehr Wolken«, schlussfolgerte Hugo.

Von Luzern aus gelangt man mit einer der verwegensten Zahnradbahnen innerhalb von dreißig Minuten zur Bergstation Pilatus Kulm. Auf dem letzten Streckenabschnitt, der sich an die Steilhänge des Esels, des zweithöchsten Berges des Massivs klammert, passiert die Bahn vier Tunnel. Zur Zeit Victor Hugos musste man den Pilatus zu Fuß erklimmen, doch bei wolkenlosem Himmel erklärte sich kein Führer bereit, den Schriftsteller zu begleiten. Hugo musste sich mit dem weniger riskanten Aufstieg zur Rigi begnügen.

Über die Diavolezza zum Persgletscher

In Graubünden, dem südlichsten und größten Schweizer Kanton, scheint häufig die Sonne, was dazu führte, dass in der Region schon frühzeitig zahlreiche heilklimatische Kurorte, Sportzentren und Wintersportorte entstanden, so St. Moritz, Maloja und Pontresina im Oberengadin – die Bergsteigerhochburg des Bernina-Massivs. Die Diavolezza-Tour gehört zu den klassischen geführten Wanderungen; weniger konditionsstarke Touristen können ihre Wanderung in der Boval-Hütte beenden und den Ausblick auf den Persgletscher und das Bernina-Massiv genießen, eines der schönsten Graubündner Alpenpanoramen, während gute Bergsteiger den Aufstieg fortsetzen.

Bergführer (rechts)

Wie angewurzelt steht er da, mit dem Rücken zum Abgrund, den Pickel in der Hand – ein Bergführer, der wahrhaftiger wirkt als die Natur! Einer jener trittsicheren Wanderer, die von Gamsjagden und Geisterhöhlen erzählen, vom Absturz unvorsichtiger Touristen, von untergegangenen Dörfern auf dem Grund von Seen …

Österreich

Zell am See, Kitzsteinhorn

Ein Tiroler Paar in einem Kahn, der am Ufer eines stillen Sees gelandet ist: Man möchte meinen, es handle sich um eines dieser gerahmten Gemälde, die den 1950er Jahren gerne die Wand über dem Wohnzimmerbuffet schmückten. Welche Naivität und welche Frische strahlt dieses Bild von Zell am See aus, und welche Sehnsucht! Um 1900 ging es in dem kleinen Luftkurort am Fuße des verschneiten Kitzsteinhorns und der Schmittenhöhe im Land Salzburg recht beschaulich zu. Im Sommer spuckte die Eisenbahn (der Bahnhof wurde 1875 eröffnet) Städter aus, die sich nach reiner Luft und Natur sehnten, vor allem Salzburger und Bayern. Außerdem ein paar Gelegenheitstouristen wie das österreichische Kaiserpaar. Kaiserin Elisabeth, die Bad Ischl nicht mochte, kam 1885 zum ersten Mal nach Zell am See, Kaiser Franz Joseph erst 1893. Die exzellente Wanderin Elisabeth stieg gerne zur Schmittenhöhe hinauf, um das Alpenpanorama zu genießen.

Salzburg, Pferdeschwemme

Das erzkatholische Salzburg, Sitz von Erzbischöfen, die zugleich Reichsfürsten waren, ist seit dem 18. Jahrhundert ein Mekka der Künste, vor allem der Musik. Seine reichen Schutzherren, glühende Bewunderer der italienischen Renaissance, die davon träumten, aus ihrer Hauptstadt ein »deutsches Rom« zu machen, verschönerten Salzburg Jahrhundert für Jahrhundert. Die Altstadt, die sich zwischen den Fluss und den steil aufragenden Mönchsberg schmiegt, beherbergt die Residenz, die Franziskanerkirche, den Dom – ein reines Stück italienischer Kunst –, mehrere Barockspringbrunnen und natürlich das Mozart-Museum. Die 1695 erbaute Pferdeschwemme, die auf diesem Photochrom zu sehen ist, grenzt an die Fassade des ehemaligen erzbischöflichen Marstalls am Fuße des Mönchsbergs. Die zentrale Figurengruppe »Rossebändiger«, ein Werk von Michael Mandl, erhielt bei der Restaurierung des Brunnens 1732 einen Sockel.

Berghotel Schafbergspitze (rechts)

Mit seinen unzähligen Seen, seinen tiefen Wäldern, sattgrünen Hügeln und schwindelerregenden Steilwänden gehört das Salzkammergut zu den malerischsten Regionen Österreichs. Seit Anfang des 19. Jahrhunderts sind die Thermalbäder von Salzburg bis Bad Ischl jeden Sommer gut besucht. In der warmen Jahreszeit erwachen die Dörfer aus dem Winterschlaf, in den Villen der reichen Wiener werden die Fensterläden aufgestoßen, Motorboote zerfurchen die Seen und wühlen weißes Kielwasser auf, Gastwirte warten auf Spaziergänger, die in der frischen Luft hungrig geworden sind. Das Weiße Rössl in Sankt Wolfgang – das 1930 durch die zunächst in Berlin, dann in Paris inszenierte gleichnamige Operette populär wurde – ist eine jener Hotelpensionen, in denen man zu den Klängen von Tiroler Volksmusik zünftig zu Abend essen konnte. 1893 wurde die Schafbergzahnradbahn in Betrieb genommen. Ein paar Minuten Fußmarsch von der Endstation entfernt, steht auf einem Felssporn hoch über dem Dorf und dem See ein schönes Hotel, das Besucher zum Verweilen einlädt.

Ötz, Dorfstraße

Das Tiroler Ötztal und das Dorf Ötz lebten jahrhundertelang vom Flachsanbau und der Leinenweberei. Schweizer, deutsche und italienische Kaufleute deckten sich dort mit Ware ein, Webergesellen durchquerten das Tal auf der Walz. Doch im Laufe des 19. Jahrhunderts verschlug es auch andere Besucher ins Ötztal. Diesen ersten Touristen, die mit der Eisenbahn kamen, war das Leinen herzlich egal! Sie fühlten sich vielmehr vom Klima, der Sonne und der Schönheit dieser Region angezogen. Denn das Ötztal ist einfach großartig: Es liegt eingekeilt zwischen einigen der höchsten Berge Österreichs und besitzt Stellen von großer landschaftlicher Schönheit, Gletscher, Schluchten und Wasserfälle. Dank seiner geschützten Lage am Fuß des Acherkogels hat Ötz ein extrem mildes Klima mit einem wunderbaren Sommer: Obst, ja sogar Wein wird dort angebaut. Wie schön wäre es, sich in dieser ruhigen, sonnenbeschienenen Straße in Ötz zu den Bäuerinnen auf die Außentreppe zu setzen und mit ihnen zu schwatzen. Andere Zeiten, andere Sitten: Die Landwirte von Ötz haben ihre Felder aufgegeben, um sich ihrer neuen Kundschaft zu widmen. Das Ötztal lebt heute vom Tourismus, sommers wie winters.

Aufseher in einem Weinberg Südtirols (links)

Genauso liebenswürdig und idyllisch wie das Bild von Ötz wirkt ein Photo, das etwas weiter südlich, bei Meran, aufgenommen wurde – in jenem Teil Tirols, der vor dem Ersten Weltkrieg zu Österreich gehörte, heute aber zu Italien gehört. Am Eingang eines Weinbergs, vor einem steinernen Tor mit einem Bildnis, das den Schutzpatron der Winzer zeigt, unterhält sich ein Aufseher mit einem Weinbauern, der eine große Schürze trägt. Beeindruckt vom schmucken Erscheinungsbild dieses operettenhaften Tirolers, lauscht der kleine Junge, die gerade gepflückten Trauben eng an sich pressend, aufmerksam dem Gespräch. Ein Tirolerhut mit Feder, eine seltsame, an den Schultern offene Weste mit Riemen, Lederkniehosen und Kniestrümpfe aus ungefärbter Wolle: Eine Tracht, die geeignet war, ein Kind zu Beginn des letzten Jahrhunderts zum Träumen zu bringen.

Innsbruck, Maria-Theresien-Straße

Um das Jahr 1000 herum ließen Kaufleute sich an einer Stelle am linken Inn-Ufer nieder, die sich eignete, um den Handel zwischen Deutschland und Italien abzuwickeln. Sie bauten eine Brücke und gründeten Innsbruck. Zu Beginn des 15. Jahrhunderts machte Herzog Friedrich IV. – Friedrich »mit der leeren Tasche«, wie seine Feinde ihn ironisch nannten – Innsbruck zu seiner Residenzstadt. Die Jahrzehnte später von Kaiser Maximilian I. ausgebaute Hofburg ließ Kaiserin Maria Theresia 1754–1756 zum Barockschloss umbauen. Die Maria-Theresien-Straße ist noch heute *die* Verkehrsader Innsbrucks. Die Erker und grünen Fensterläden auf diesem Photo erinnern zugleich an Bayern und Italien. Folgt man dem Mann mit der Schubkarre, gelangt man zur der filigranen weißen Annasäule, die sich im Bildhintergrund vor den grünen Berghängen abzeichnet. Sie wurde 1706 aufgestellt und erinnert daran, dass die Innsbrucker am Anna-Tag 1703 französische und bayerische Besatzungstruppen aus der Stadt gejagt hatten. Weiter nördlich, in der Herzog-Friedrich-Straße steht das berühmte Haus mit dem Goldenen Dachl (rechts), dessen Prunkerker im Auftrag von Kaiser Maximilan I. erbaut und mit mehrfarbigen figürlichen Reliefdarstellungen geschmückt wurde. Allein das mit feuervergoldeten Kupferschindeln gedeckte Dach kostete angeblich dreißigtausend Dukaten.

Panorama von Wien (vorausgehende Doppelseite)

»Es gibt nur eine Kaiserstadt auf der Welt, es gibt nur Wien«, heißt es in einem populären Lied aus dem 19. Jahrhundert. Die majestätische Hauptstadt der Habsburger war damals die größte und jüngste der europäischen Metropolen, laut Mme de Staël überdies »die schönste deutsche Stadt«. Wagner verglich Wien mit einem »schöneren und fröhlicheren« Paris, und alle Wien-Touristen des 19. Jahrhunderts lobten die den Wienern »angeborene Herzlichkeit«, die »Güte des Essens und der Weine und eine Freiheit des Gebarens, die doch niemals in Unschicklichkeit ausartet« (Geneviève Bianquis). Das Photochrom zeigt die berühmteste Prachtstraße Wiens, die Ringstraße, mit dem Volksgarten rechts und dem klassizistischen Parlament (1883) und dem Pallas-Athene-Brunnen links; rechts der Straße sieht man das Burgtheater (1888); gegenüber steht das Rathaus (1883), dessen neugotischer Turm das Parlamentsdach überragt.

LUDWIG SCHAUFLER

Deutschland

Schloss Neuschwanstein

Ein Traum aus Stein, wie aus dem Nichts entstanden, eine phantastische, sich in den Felsen krallende Festung, deren zinnenbewehrte Türme die Wolken zu berühren scheinen – das ist Neuschwanstein, das letzte Schloss, das König Ludwig II. von Bayern erbauen ließ. Der Theatermaler Christian Jank zeichnete die ersten Entwürfe, die der König höchstselbst durchsah und korrigierte. Von der Grundsteinlegung im Jahr 1869 bis zu seinem tragischen Tod 1886 mischte sich Ludwig II. unaufhörlich in die Bauarbeiten und die Intérieurgestaltung ein. So groß war sein Ehrgeiz, so stark und so widersprüchlich sein Bedürfnis nach Prunk, dass die Wirklichkeit seiner Fiktion niemals gerecht werden konnte. Zur Finanzierung dieses Mammutunternehmens plünderte der König seine Kabinettskasse, in die schon der Bau Schloss Herrenchiemsees tiefe Löcher gerissen hatte, bis auf den letzten Heller. Schließlich wurde der für verrückt erklärte und entmündigte Ludwig in Schloss Berg am Ufer des Würmsees (heute Starnberger Sees) eingesperrt, in dem er unter bis heute ungeklärten Umständen ertrank. Neuschwanstein in seiner Bergeinsamkeit blieb, den Launen der Natur ausgeliefert, unvollendet. Die Geschichte jedoch ließ dem letzten König von Bayern Gerechtigkeit widerfahren: Heute ist Neuschwanstein das meistbesuchte Schloss Deutschlands und eines der berühmtesten Europas. Pro Jahr kommen 1 300 000 Touristen zur Besichtigung – im Sommer 6000 Menschen täglich!

Die Loreley

Es gab einmal eine Zeit, in der noch keine Dampfschiffe existierten – nur Fischerkähne, auf die am Fuß des schwarzen Felsens Strudel und gefährliche Riffe lauerten … Am Rand der Klippe sitzend, kämmte die blonde Loreley ihr langes Haar mit einem Kamm aus Gold, der in der Sonne funkelte und blitzende Lichter auf den grün schimmernden Rhein zauberte. Die Nixe sang. In Bann gezogen durch die Melodie, geblendet durch das Glitzern des Wassers, ließen die unglückseligen Fischer ihre Kähne auf die Felsenriffe auflaufen und gingen in den Wellen zugrunde.

Dies ist die Legende, die Heinrich Heine zu seinem romantischen Gedicht *Die Loreley* inspirierte. Noch heute gehört es zum Unterrichtsstoff deutscher Schüler und Germanistikstudenten. Es wurde 1837 von Friedrich Silcher vertont und ging als *Loreley*-Lied um die Welt. Legenden sind hartnäckig, und obwohl die Nixe ihren Felsen inzwischen verlassen hat, erklingt ihr Lied doch Tag für Tag auf den Touristenschiffen, wenn sie in die düstere, enge Passage vor dem Felsen einfahren.

Limburg an der Lahn, Schloss und Dom

Limburg am Ufer der munter dahinfließenden Lahn – ein wahrhaft bukolischer Anblick! Nachdem Konrad Kurzbold, der Graf des Niederlahngaus, im Jahr 910 das Stift Limburg gegründet und den Grundstein für die erste St. Georgskirche gelegt hatte, gewann der Ort schnell an Bedeutung. Die heutige »Basilica Sancti Georgi martyris« mit ihren sieben Türmen wurde erst drei Jahrhunderte später, im Jahr 1235, vollendet und geweiht. Der Dom, ein seltenes Beispiel spätromanischer Baukunst, wurde in den 1970er Jahren restauriert. Davor ist das massive Schloss zu sehen, das Anfang des 13. Jahrhunderts von Gerlach von Ysenburg erbaut wurde. Wie schnell die Zeit vergeht, lässt sich daran ermessen, dass der Baedecker von 1891 bereits eine Bahnlinie nach Limburg erwähnt, während der Guide Richard von 1846 noch davon ausgeht, dass man die Stadt über einen »schönen Kiesweg« erreicht, und Reisenden, die nach Bad Ems unterwegs sind, empfiehlt, das Schiff zu nehmen, denn »der Landweg ist länger und schwieriger, außer im Sommer«.

Der Kölner Dom (folgende Doppelseite)

Die Geschichte des Kölner Doms gleicht einem historischen Fortsetzungsroman. Am 14. August 1248 legte Erzbischof Konrad von Hohenstaden den Grundstein. 140 Jahre später, 1388, wurde der Chor mit Altären versehen und für den Gottesdienst eingerichtet. 1447 hängte man die Glocken im Südturm auf. Ende des 16. Jahrhunderts erhielt das Bauwerk ein provisorisches Dach. Anschließend kümmerte man sich nur noch um die Innenausstattung – bis die französischen Revolutionstruppen den Dom in den 1790er Jahren in ein Futtermagazin verwandelten. Es waren die preußischen Könige Friedrich-Wilhelm III. und IV., die den kompletten Verfall dieses Meisterwerks der gotischen Architektur verhinderten – nicht ohne sich mit Bedenken zu tragen, denn der Weiterbau nach den alten Plänen (ab 1842) verschlang, wie es heißt, 18 427 552 Mark, die dank der Unterstützung des Staates, diverser privater Spender und der Einnahmen der extra zu diesem Zweck veranstalteten Dombau-Lotterie mit großer Mühe zusammengebracht werden konnten. Am 15. Oktober 1880 schließlich wurde der Abschluss des Dombaus in Anwesenheit von Kaiser Wilhelm I. und fast allen deutschen Fürsten prunkvoll gefeiert.

Lindau, Hafeneinfahrt

»Wie bezaubernd ist es doch, mit einem Flussschiff zu reisen!«, rief Gautier am Ende einer Rheinfahrt aus. Und erst eine Fahrt über den See! Weckt die Schönheit dieses Photochroms nicht auch in eher bodenständigen Naturen die unbändige Lust auf eine Kreuzfahrt? Was für ein großartiger Anblick, dieses Schiff, das zwischen dem bayerischen Löwen und dem Leuchtturm den Lindauer Hafen hinausschippert, um Konstanz oder eine jener schönen Bodensee-inseln anzusteuern, die mit Weinbergen, Obsthainen, romanischen Kirchen und Klöstern aufwarten! Man stelle sich vor, in der kühlen Dämmerung oder sehr früh am Morgen an Bord zu sein, wenn ein sanftes Licht die Seeoberfläche streichelt und behutsam die weißen Bergrücken und die weichen Uferlinien enthüllt. Wie bezaubernd ist es doch, auf diese Art zu reisen!

Schwarzwälder Bauernmädchen (links)

Rock und Schürze aus schwarzem Taft, weiße Strümpfe, eine weiße Bluse mit Puffärmeln, ein großer Strohhut mit Kinnband und roten Wollkugeln (schwarzen Kugeln bei verheirateten Frauen), der so genannte Bollenhut – der Sonntagsstaat einer jungen Schwarzwälderin. »Im Schwarzwald, wo alles Leben, Vegetation, Funkeln, Duft, bebender Fruchtknoten, offene Krone, bemaltes Blütenblatt ist, kleidet sich die Bäuerin wie eine Blume«, schrieb Victor Hugo 1840 in sein Reisetagebuch. Die Häuser, die sich um die Kirche mit Zwiebelturm kauern, sind »so, wie das Gebirge sie geschaffen hat …; unter ihren großen, tief über die Augen herabgezogenen Dächern trotzen sie dem Regen«. Wer könnte dieses fröhliche, naive Bild, dessen Spontaneität einem unweigerlich ein glückliches Lächeln entlockt, besser beschreiben als Hugo?

Nürnberg

Auf der Insel Schütt in der Pegnitz spielen Erwachsene und Kinder fröhlich Ringelreihen. Es ist Sommer, träge strömt der Fluss an den Bürgerhäusern vorbei, die sich an die Synagoge schmiegen; etwas weiter hinten reckt ein Kirchturm seine Spitze in den klaren Himmel, über den ein paar Schäfchenwolken treiben. Das 20. Jahrhundert dämmert über Nürnberg herauf. Als der Schriftsteller Hermann Hesse die Stadt knapp dreißig Jahre später besuchte (1927), empfand er tiefes Unbehagen. Ihre Schönheit, ihr bezaubernder Charme, die graziösen Brunnen – all das schien ihm verdorben. Die Altstadt war überschattet von einem großen hässlichen Geschäftsviertel und überfüllt mit Autos. Auf Hesse machte das Treiben einen so ziel- und seelenlosen Eindruck, dass es ihm schien, als könnte in Kürze alles zusammenbrechen. Hesse hat leider Recht behalten: Seine Prognose bewahrheitete sich zwar nicht innerhalb von Stunden, aber im Laufe der nächsten Jahrzehnte. Im August 1938 wurde die 1874 eingeweihte Synagoge auf Befehl der NSDAP in einer als »beispielhaft« hingestellten öffentlichen Massenveranstaltung zerstört – ein dramatischer Auftakt für die blutigen Ereignisse des Zweiten Weltkriegs, die 1945 zur Vernichtung der restlichen Stadt führten.

Das Münchner Hofbräuhaus (rechts)

»Selbst wenn viele Münchner Intellektuelle die Nase rümpfen, wenn Ausländer, kaum sind sie angekommen, sofort nach dem Weg zum Hofbräuhaus fragen, empfiehlt es sich, bei der Besichtigung Münchens mit dem berühmten Brauhaus zu beginnen, denn es gewährt einem, wenn man so sagen will, Zutritt zur Seele der Stadt«, versichert ein Reiseführer aus den 1950er Jahren. Noch heute herrscht hinter der mächtigen Fassade eine herzliche Atmosphäre, und die Dekoration der überwölbten Schwemme mit ihren großen Fenstern und den langen Massivholztischen, die mit bunten Fresken und eingeritzten Namen und Initialen geschmückten Mauern sind wirklich hübsch. Man fühlt sich wohl im Hofbräuhaus, vergisst die Zeit und ist schließlich bereit, zur Stadterkundung aufzubrechen.

Hildesheim, Kleine Venedig (folgende Seite)

Alte mittelalterliche Städte wie Goslar oder Hildesheim, im Märchenreich der Brüder Grimm und im Schatten düsterer Harz-Wälder gelegen, zeugen von der blühenden Vergangenheit dieser von Handel geprägten Region. Als Traum, als Tagtraum, der tausend Jahre währte, beschrieb der deutsche Schriftsteller und Übersetzer Hans-Egon Gerlach Hildesheim, um anschließend die schrecklichen Bombardierungen in Erinnerung zu rufen, die die Stadt 1945 zerstörten. Es gab in Hildesheim Hunderte von Fachwerkhäusern wie jene an der Innerste in der Straße Kleine Venedig, die auf dem Photochrom zu sehen sind. Es gab Gassen, Brunnen, Plätze und 14 Kirchen. Die meisten von ihnen haben überlebt, und an der Apsis des Doms erblüht jedes Jahr der »tausendjährige« Rosenstock.

Die Drachenschlucht bei Eisenach (übernächste Seite)

Das mittelalterliche Thüringen der Burgen und Sängerwettstreite hatte ein Zentrum: die Wartburg, jene furchterregende Festung, die mitten im Wald über Eisenach thront. Der Weg dorthin führt durch die – Wanderern gut bekannte – Drachenschlucht, ein beeindruckendes Felsenlabyrinth. Zu Beginn des Frühlings stürzt der Marienbach die Klamm hinab. Sein Grollen erinnert an den Drachen, der der Sage nach an diesem wilden Ort sein Unwesen treibt.

Berlin, Unter den Linden, Café Bauer

Berlin war schon zur Belle Époque eine hektische Stadt mit einem intensiven und wachsenden Verkehrsaufkommen. Fahrräder, Omnibusse, Straßenbahnen und Autos überfüllten die Straßen, aus denen unablässig das Grollen von Motoren und das Dröhnen von Hupen drang. 1892 publizierte Mark Twain, der gerade aus Deutschland nach Amerika heimgekehrt war, in der *New York Sun* einen Artikel über Berlin mit dem Titel »The German Chicago«, in dem er sich begeistert über den Pragmatismus und die Verständigkeit der Berliner äußerte. Doch in Berlin selbst waren die Intellektuellen über diese »amerikanische« Entwicklung, die die menschlichen Werte bedrohe, eher beunruhigt. Im Romanischen Café auf dem Kurfürstendamm trafen sich Künstler, Schriftsteller und Regimegegner zu lebhaften Diskussionen. Im Café Bauer, an der Ecke Friedrichstraße/Unter den Linden war die Kundschaft gemischter, die Stimmung sorgloser. Hier entspannte man sich im Dekor der von Anton von Werner geschaffenen Wandbilder, trank türkischen oder Wiener Kaffee, knabberte Gebäck und blätterte nach Belieben in einer der sechshundert ausliegenden Zeitschriften. Das Café Bauer, dem der Baedeker einen Stern verlieh, war auf der Höhe seiner Zeit – ein Ort zum Sehen und Gesehenwerden.

Berlin, Friedrichsbrücke und Berliner Dom

Seit 1890, unter Wilhelm II., wuchs die Hauptstadt des Reichs unablässig. Der von militärischen Erfolgen besessene, halsstarrige, schlecht beratene Kaiser träumte von Ruhm und Ehre und wollte seine Macht auf allen erdenklichen Feldern bestätigt sehen. Die Berliner lebten im Rhythmus von Konzerten und Militärparaden; an jeder Straßenecke wurden grandiose Bauwerke aus dem Boden gestampft, die alten, als »zu monarchisch« erachteten Gebäude riss man systematisch nieder, um sie durch majestätischere zu ersetzen, die der neuen Macht des deutschen Reichs würdiger erschienen. Es wurden Säulen, Denkmäler und ein Triumphbogen errichtet, der Kaiser Franz Joseph bei seinem Berlinbesuch beeindrucken sollte. Der Barockdom auf der Spreeinsel, den bereits Schinkel zwischen 1817 und 1822 umgestaltet hatte, gefiel Wilhelm II. nicht. Er fand ihn altmodisch und unzeitgemäß, einfach »zu monarchisch«, und ließ ihn abreißen. Dann beauftragte er den Architekten Julius Raschendorff, einen neuen, hohen, ganz Berlin überstrahlenden Dom im Stil der italienischen Renaissance zu entwerfen. Während der Bauphase zwischen 1894 und 1905 wurde das Bauwerk lebhaft kommentiert: Die Optimisten (Anhänger des Kaisers) waren zufrieden, die Pessimisten (Liberale) machten sich über das langsame Voranschreiten der Arbeiten lustig. Die Berliner gewöhnten sich an, sonntags in der Nähe der Friedrichsbrücke spazieren zu gehen, um die Baustelle im Auge zu behalten! Der neue Dom wurde 1905 vollendet. Etwa um diese Zeit wurde auch das Photo aufgenommen.

Dresden, Blick auf die Altstadt

Im Vordergrund die Elbe: breit, ruhig, spiegelglatt. Darüber der zartfarbene, heitere sächsische Himmel. Dazwischen eine großartige Stadt: Dresden – »Elbflorenz« – wie der Dichter und Philosoph Johann Gottfried Herder sie im 18. Jahrhundert getauft hatte. Wenn man an einem klaren Sommerabend vom Neustädter Ufer aus auf die Altstadt mit der Oper, der Hofkirche, der Brühlschen Terrasse und der Frauenkirche blickte, musste man bezaubert sein. An der Dresdner Oper (rechts im Bild) wurden Werke der größten Komponisten inszeniert – unter anderem von Richard Wagner, der seine Karriere als königlich-sächsischer Kapellmeister begann. Nach seiner Teilnahme an den revolutionären Unruhen des Jahres 1849 musste Wagner allerdings die Stadt verlassen und ging nach Paris.

Die Mühle von Sanssouci (links)

Es gab in Potsdam nacheinander drei Windmühlen – an der Stelle der historischen Mühle, die 1787 bis 1791 erbaut wurde, steht heute ein Nachbau, der erst nach 1990 vollendet wurde. Die allererste Mühle entstand 1737/38. Um ihre Entstehung rankt sich eine Legende, in der Friedrich der Große, dem ein starker Charakter nachgesagt wurde, eine tragende Rolle spielt. Es wird erzählt, dass der König, den das Geklapper der Mühlenflügel störte, dem Müller vorschlug, ihm die Mühle zu verkaufen. Der Müller lehnte ab. Gekränkt soll Friedrich daraufhin ausgerufen haben: »Weiß Er denn nicht, dass ich Ihm Kraft meiner königlichen Macht die Mühle wegnehmen kann, ohne auch nur einen Groschen dafür zu bezahlen?« Worauf der Müller geantwortet haben soll: »Gewiss, Euer Majestät, das könnten Euer Majestät wohl tun, wenn es – mit Verlaub gesagt – nicht das Kammergericht in Berlin gäbe.« Die Mühle gehörte aber nun einmal zu Potsdam, und so beeilte sich Friedrichs Nachfolger, Friedrich Wilhelm II., sie zu ersetzen, als ihr Verfall nicht mehr aufzuhalten war. Mit dem Neubau, den er aus eigener Tasche finanzierte, beauftragte er den Architekten Cornelius Wilhelm van der Bosch. Dieser errichtete an Stelle der alten Mühle eine große Holländermühle. Sie fiel am 27. April 1945 einem russischen Angriff zum Opfer.

Hamburger Hafen, Asiakai

Ende des 19. Jahrhunderts erstreckte sich der drittgrößte Hafen Europas über fast sechs Kilometer von Altona bis zum Billdeich. In *De tout* (erschienen 1902) beschrieb Joris-Karl Huysmans ihn so: »Überall, auf allen Seiten, reihen sich Lagerhäuser aus Backsteinen aneinander ..., schmutzig vor Gischt, schwarz vom Rauch der Maschinen, eingeschnürt von Schienen, Güterzügen, so weit das Auge reicht ... Bootshäuser und Hallen säumen den Weg allenthalben, und schließlich begreift man, dass das Ende unabsehbar ist; Sie können den Horizont absuchen und werden feststellen, dass er aus Myriaden von Masten, aus unzähligen Schloten großer Dampfer besteht und gespickt ist mit Kränen, die in den Schiffsbäuchen wühlen ... Man spürt eine stillschweigende, immense Kraftanstrengung; diese stoische Arbeit wird ohne Lärm verrichtet; kaum dass man in großen Abständen das Trompeten der Dampfer hört, die ins offene Meer hinausfahren.«

Hamburg, Steckelhörnfleet (rechts)

Das enge Steckelhörnfleet in der Altstadt ist einer jener »Fleete«, die die Elbe mit der Alster verbinden. Die Frachtkähne benutzten es, um ihre Ladung vom Hafen zu den Lagerhäusern an der Unteren Alster zu transportieren. Der von alten Hansehäusern gesäumte Kanal mündet in einen Seitenarm der Alster, die um die Nikolaikirche herumfließt. Diese Kirche, deren hoher Maßwerkturm im Hintergrund des Photochroms zu sehen ist, wurde nach Plänen des englischen Architekten Gilbert Scott im gotischen Stil des 13. Jahrhunderts erbaut, nachdem der Vorgängerbau 1842 dem großen Brand vom Hamburg zum Opfer gefallen war. Davor, auf dem Hopfenmarkt, wurde »Hamburgs belebtester Markt« (Baedeker 1888) abgehalten. Wie die meisten Kirchen der Stadt brannte St. Nikolai bei den Bombenangriffen von 1943 aus und wurde niemals wieder aufgebaut. Allein der Turm blieb stehen und wurde zum Mahnmal erklärt.

Am Strand von Norderney

An der ostfriesischen Küste zwischen Ems und Weser erstreckt sich eine Ebene von geradezu wüstenartigen Ausmaßen. Da und dort lockern Wacholderbüsche die melancholische Landschaft auf, in der sich der beißende Geruch von Torfmooren mit einer frischen, salzigen Meerbrise mischt. Die gute Seeluft lockte zunächst Kurgäste, dann auch zahlreiche Badefreunde an. Seit dem letzten Viertel des 19. Jahrhunderts bevölkern jeden Sommer vor allem deutsche Touristen die Strände und Inseln Ostfrieslands: Juist, Baltrum und Norderney. In den 1890er Jahren war Norderney mit etwa 12 000 Besuchern das wichtigste Seebad Deutschlands. Die Gäste trafen sich am Strand und quartierten sich in den typischen Strandkörben aus Weidengeflecht ein. Laut Baedeker badeten in Norderney Männer und Frauen wie in den anderen deutschen Urlaubsorten auch »bis zwei Uhr getrennt«. Obwohl dieses Bild nicht präzise zu datieren ist, lässt sich doch mit Sicherheit sagen, dass es nach zwei Uhr nachmittags aufgenommen wurde.

Der Fahrstuhl von Helgoland (links)

»Grün ist das Land, rot die Klippe, weiß der Sand, das sind die Farben von Helgoland«, lautet die Devise dieser kleinen dreieckigen Insel, die etwa sechzig Kilometer vor der Elbmündung in der Nordsee liegt. Schiffe legen am Südstrand der Insel, im Unterland, an. Doch der Ort Helgoland liegt im Oberland, auf einem sattgrünen Felsplateau 63 Meter über dem Meeresspiegel. Zwar ist er zu Fuß über eine Treppe zu erreichen, doch ein in den 1870er Jahren erbauter Aufzug befördert Besucher auf bequemere Weise nach oben. Zum Baden fährt man auf die Düne, eine kleine Insel, die mit der Fähre in einer halben Stunde zu erreichen ist. Heinrich Heine verbrachte den Sommer des Jahres 1825 auf Helgoland, das damals noch zu England gehörte. 1903, als Franz Kafka sich auf der Insel aufhielt, war sie längst preußisch: Wilhelm II. hatte Helgoland 1890 gegen das Sultanat Sansibar eingetauscht.

Dänemark

Kopenhagen, Börse

Mit ihren langen, von hohen Häusern gesäumten Wasseradern gab die Hauptstadt Dänemarks Reisenden des 19. Jahrhunderts auf Anhieb das Gefühl, mitten in einer Großstadt zu sein. Ein Eindruck, der umso frappierender war, als man noch kurz zuvor mit Zug und Dampfer das friedliche, von Mühlen übersäte Seeland durchquert hatte. Die unter der Regentschaft von Christian IV. (1577–1648) erbaute Börse von Kopenhagen beherrscht ein Turm mit einem spektakulären Helm aus vier grünen, vergoldeten Drachen, die ihre Schwänze ineinander verschlingen.

SÆBEFABRIK
Café
Soldater-

Kopenhagen, Eingang zum Vergnügungspark Tivoli

Der Eingang zum Tivoli – der Name wurde zum Synonym für Vergnügungspark – liegt direkt gegenüber vom Bahnhof, sodass Touristen ihn gar nicht übersehen können. Innerhalb des Parks gab es ein Pfauentheater, ein Café mit Varietédarbietungen und einen Konzertsaal sowie hervorragende Restaurants. Mit seinen Bällen unter freiem Himmel, Feuerwerken und Illuminationen war der Park ein beliebtes Ausflugsziel dänischer Familien. Die ansonsten als sittenstreng geltenden Dänen blieben oft bis nach Mitternacht, und auf dem Bild sind »sogar ein paar torkelnde Schattengestalten zu sehen«.

Kopenhagen, Erlöserkirche (links)

Was die Erlöserkirche so einzigartig macht, ist ihr Turm, den eine kuriose Wendeltreppe mit hoher Brüstung krönt. Der französische Schriftsteller Xavier Marmier, der zwischen 1835 und 1840 Dänemark, Schweden und Norwegen bereiste, sah in dieser Treppe ein mystisches Symbol für das geistige Streben.

Norwegen

Der Fischmarkt von Bergen

Das grelle Licht des Nordatlantiks prägt diese Ansicht von Bergen. Die Hafenstadt an der Westküste Norwegens treibt seit dem Mittelalter Handel mit dem südlicheren Europa. Ganze Schiffsladungen lebendiger oder in Salz konservierter Fische werden dort verkauft. Der Handel mit Kabeljau und Schellfisch stellte zu Beginn des 20. Jahrhunderts die Haupteinnahmequelle der Einheimischen dar. Auf dem Markt spielten sich pittoreske Szenen ab: Paul du Chaillu, ein französisch-amerikanischer Forscher, sah dort um 1870 »Mutter und Sohn zu zweit einen riesigen Kabeljau schleppen« – manche Exemplare bringen es auf bis zu 150 Pfund – und beobachtete »einen kräftigen Mann, der unter einem mehr als mannsgroßen Fisch praktisch zu Boden ging«.

Hotel Frænnes in Opheim

Der rötliche Schimmer am Himmel ist ein erster Vorbote des Frühlings am Ende eines langen norwegischen Winters. Auf einer bewaldeten Landzunge des spiegelglatten Hardangerfjords kauert ein Hotel, das funkelnde Gletscher zu krönen scheinen. In der warmen Jahreszeit beherbergt es Touristen, Naturfreunde und Hobbyfischer.

Mitternachtssonne bei Hammerfest

In der Bucht von Fuglenes liegt Hammerfest, der letzte wichtige Hafen vor dem Nordkap. Von Anfang Mai bis Ende Juli wird es dort niemals Nacht. Die Sonne sinkt bis knapp über den Horizont und kündigt gegen Mitternacht das Dämmern eines neuen Tages an, indem sie das Meer in Licht taucht und die Berge von Sorö grellblau tönt. Ein Spektakel, das sich vom Gipfel des Tyven aus besonders gut bestaunen lässt.

Samenfamilie vor ihrer Behausung / Samen mit Rentier (rechts)

Der hohe Norden Europas ist die Heimat der Samen, eines Nomadenvolkes, dessen Territorium sich einst über vier Länder erstreckte: Norwegen, Schweden, Finnland und Russland. Kolonisiert, christianisiert, in »Lappen« umbenannt (was auf Finnisch »Lumpen« bedeutet), durften diese begnadeten Rentierzüchter bis in die 1960er Jahre hinein nicht einmal ihre eigene Sprache sprechen.

Die Samen lebten in Stoffzelten, die mit Stroh oder Rentierfellen bedeckt und mit langen Holzstangen aufrecht gehalten wurden. Der Rauch des Feuers, welches im Zeltinneren tagsüber für Wärme sorgte, entwich durch ein Loch in der Mitte. Heute züchten nur noch zehn bis 15 Prozent der Samen Rentiere – allerdings in sehr großem Maßstab – und ziehen mit ihnen von Weide zu Weide. Diese unermüdlichen Zugtiere können ohne Sattel geritten oder vor einen Schlitten aus Rentierhaut, die *pulkka,* gespannt werden. Sie legen, ohne zu ermüden, pro Tag bis zu fünfzig Kilometer zurück. Als die Samen noch mit ihren Familien umherzogen, luden sie ihr Gepäck und die Kleinkinder auf fünf oder sechs Rentiere, die, aneinandergebunden und vom Familienvater geführt, vorausgingen. Die Herde folgte in Begleitung der restlichen Mitglieder der kleinen Gemeinschaft.

Der Gletscher Kjenndalsbreen, von Loenvatnet aus gesehen (folgende Doppelseite)
Nördlich des Sognefjords hat sich der Nordfjord tief in die Erde gegraben. An seinem östlichen Ende liegt das Dorf Loenvatnet, von dem aus man einen einzigartigen Blick auf einen der größten Gletscher Norwegens, den Kjenndalsbreen, genießt. Ein einsamer Reisender betrachtet diese in grauer Vorzeit entstandene chaotische Eiswüste.

Der Walfänger »Duncan-Grey« vor Skaarö

An der gesamten Küste der Finnmark in Nordnorwegen, vom Nordkap bis zur Barentsee, wurden einst Wale gejagt, die sich je nach Saison und Jahr mehr oder weniger zahlreich im Meer tummelten. Dieses Bild ist bei Skaarö aufgenommen, einer nördlich von Tromsö gelegenen Insel. In dieser Gegend, berichtete der französische Geograph und Forscher Charles Rabot 1885, »lädt man Sie zum Walfang ein wie bei uns zur Fasanenjagd«. Heutzutage ist die Jagd auf Wale nur noch sehr eingeschränkt erlaubt, und der kommerzielle Walfang ist Gott sei Dank stark zurückgegangen. Die Walfänger, die Ende des 19. Jahrhunderts eingesetzt wurden, waren kleine solide und schnelle Dampfer, die am Bug mit einer Kanone auf einem beweglichen Sockel ausgerüstet waren. Eine Harpune mit schlanker Spitze war in die Kanone eingelassen, die Harpunenleine im Inneren des Schiffes befestigt. »Im Moment der Explosion … spreizten sich vier Stahlzähne wie die Stangen eines Regenschirms und drangen tief ins Fleisch des Tieres ein …« Das Meer von Blutlachen durchzogen, ein harpuniertes, sich verzweifelt aufbäumendes Tier, welches, das Wasser mit dem Schwanz peitschend, das Schiff im Todeskampf hinter sich herzieht. Schilderungen vom Ablauf des Walfangs sind nichts für zart besaitetete Gemüter.

Wale am Strand von Skaarö

War der Wal an Land geschleppt, wurde er zerlegt. Dafür benutzte man »große, einen Meter lange Messer mit rasiermesserscharfen Klingen«. Nachdem der Wal geöffnet war, drang ein Arbeiter durch den Rumpf (in dem er vollständig verschwand) bis zu den inneren Organen vor. Es stank bestialisch, wenn die Eingeweide auf den Strand glitten.
Auf unserem Bild hat das Gemetzel noch nicht begonnen. Der Photograph wird wohl vorher das Weite gesucht haben.

Smeerenburg bei Spitzbergen

Im 17. und 18. Jahrhundert wurde Spitzbergen nacheinander von Franzosen, Holländern und Engländern besetzt, die dort auf Walfang gingen und sich militärische Auseinandersetzungen lieferten. Im 19. und 20. Jahrhundert eroberten Wissenschaftler die Insel schließlich auf friedliche Weise. Sie führten meteorologische und astronomische Beobachtungen, Studien über Gletscher, Flora und Fauna durch.

Smeerenburg auf der Amsterdam-Insel im Nordwesten des Svalbard-Archipels diente den Holländern zwischen 1620 und 1660 als Walfangstation. Von den Verarbeitungsanlagen, die sie dort errichteten, sind heute nur noch die Reste einiger Öfen übrig, in denen Walfett erhitzt wurde, um Tran daraus zu gewinnen.

Der Hangar von Professor Andrée in Danskoen (Spitzbergen)

Am 11. Juli 1897, nach zwanzigjähriger Forschung, erhob sich der schwedische Ingenieur und Ballonfahrer Salomon August Andrée in Begleitung des Ingenieurs Knut Frænkel und des Photographen Nils Strindberg an Bord eines Wasserstoffballons auf der Insel Danskoen in die Lüfte. Ziel seines Expeditionsfluges war der geographische Nordpol. Dieses einzigartige Photo wurde kurz vor dem Aufbruch aufgenommen. Es zeigt die drei Besatzungsmitglieder vor dem Hangar Professor Andrées und seinen Ballon »Örnen« – »Adler«. Nach dem Start konnte man den Ballon noch etwa eine Stunde lang nach Norden driften sehen. Bald war er nur noch ein winziger Punkt am grauen Himmel. Dann verschwand er auf Nimmerwiedersehen.

Im August 1930 machten ein paar Norweger auf der White-Insel eine makabre Entdeckung: Sie fanden zwei Skelette, die dank eines Tagebuchs als die von Andrée und Strindberg identifiziert werden konnten. Das Tagebuch hatte unbeschädigt, sorgfältig in eingeöltes Stroh eingeschlagen, neben den sterblichen Überresten von Andrée gelegen.

Schweden

Stockholm, Blick auf die Insel Riddarholm

»Man stelle sich eine große Stadt vor …, die Kanäle zerschneiden, die mit Gärten und Baumgruppen übersät ist und auf sieben Inseln erbaut wurde wie Rom auf sieben Hügeln«: Stockholm, zwischen Ostsee und Mälarsee gelegen, auch »Venedig des Nordens«, die »Stadt zwischen den Brücken« oder, poetischer, die »Stadt, die auf dem Meer schwimmt« genannt – so taufte sie einst Selma Lagerlöf, die berühmte Verfasserin der *Wunderbaren Reise des kleinen Nils Holgersson mit den Wildgänsen*.

Um 1900 bewegte man sich in Stockholm mit kleinen Dampfbooten fort, die jeweils rund 15 Passagiere beförderten. Über dem blauen Wasser breitet sich ein milchfarbener Himmel aus, der an manchen Stellen einen intensiven, mit Mauve durchsetzten Gelbton annimmt.

Stockholm, Katarinahissen

Seit 1883 zeichnet sich vor dem Stockholmer Himmel die Silhouette dieses Aufzugs ab, der eines Eiffel würdig wäre. Noch heute können Touristen, die im Stadtteil Södermalm auf Entdeckungsreise gehen und dabei das großartige Panorama der ihnen zu Füßen liegenden Stadt bestaunen möchten, mit dem Katarinahissen auf die Plattform nach oben schweben. Doch der Aufzug »wurde nicht nur zum Vergnügen errichtet«, mahnte der französische Dramatiker Paul Ginisty, der 1890 nach Stockholm reiste. Er sollte vielmehr den Einheimischen, die in die höher gelegenen alten Stadtviertel gelangen wollten, einen großen Umweg ersparen. Auf der »ausgesprochen kühnen, sogar ein wenig schwindelerregenden« Eisenbrücke, die die Uferstraße überspannt, und der Plattform »für Touristen und Spaziergänger« genießt man »für einen kleinen Preisaufschlag« einen Rundblick auf ganz Stockholm »mit seinen großartigen, ineinander verschlungenen Wasserstraßen, seinen Inseln, Stein- und Backsteinpalais …«.

Göteborg, Park Trädgardsföreningen (Park des Gartenvereins)

»Ich würde gerne von einem Sturm erzählen, doch unglücklicherweise ist das Wetter sehr schön …«, beklagte sich ein Tourist des 19. Jahrhunderts, der gerade zur Westküste Schwedens unterwegs war. Ruhig schipperte sein Schiff den Götha älv entlang, vorbei an »diesen rot gestrichenen Holzhäusern, die hie und da auf Granitfelsen stehen«. Schließlich erreichte es den Göteborger Hafen. Dieser Hafen – der wichtigste von ganz Schweden und sein einziger an der Westküste – hatte aus Göteborg eine florierende Stadt gemacht, die Stockholm den Rang abzulaufen drohte. Gutsituierte Händler hatten sich in Göteborg niedergelassen. Gerne besuchten sie den 1842 angelegten Park des Gartenvereins, der einen Musikpavillon und ein großes Palmenhaus, eine Nachbildung des Londoner Palm House, besaß.

Finnland

Die Stromschnellen bei Imatra

Finnland, das Land der Seen, Flüsse und Wasserfälle, das Land riesiger Kiefern-, Fichten- und Birkenwälder, ist ein gigantisches Labyrinth aus Erde und Wasser, auf denen zuweilen das einzigartige Nordlicht spielt.
Die Provinz Karelien am finnischen Meerbusen – wo auch Imatra liegt – ist geradezu ein Symbol finnischer Identität, stand aber jahrzehntelang unter der Knute des russischen Zarenreichs. Am Ende des Zweiten Weltkriegs wurde der größte Teil Kareliens von der Sowjetunion annektiert. Imatra, das nicht weit von der russischen Grenze entfernt liegt, heute aber zu Finnland gehört, war um 1900 bei Sommerfrischlern beliebt, vor allem bei reichen Sankt-Petersburgern. Bei den Imatrafällen, den »Niagarafällen« Kareliens, konnten Touristen in der Nähe der brodelnden Stromschnellen in einem elektrisch beleuchteten Hotel Quartier nehmen.

Polen

Warschau, Krakauer Vorstadt

Am Schlossplatz von Warschau beginnt die Krakauer Vorstadt. 1596 erklärte Sigismund III. Wasa Warschau zur polnischen Hauptstadt, verlegte seinen Hof in das von Sigismund I. (genannt der Alte) errichtete Schloss und baute es aus. Gegenüber dem Schlossturm ließ König Wladyslaw IV. Wasa in Erinnerung an seinen Vater 1644 die von dem italienischen Bildhauer Clemente Molli geschaffene Sigmundssäule aufstellen. Warschau, das immer wieder besetzt wurde – von Schweden, Russen, Preußen, Österreichern und Franzosen, dann wieder von Russen und Deutschen – und Schauplatz blutiger Aufstände war, kämpfte stets um seine Unabhängigkeit. 1890, als dieses Photo entstand, war die Stadt in russischer Hand. Zwischen 1764 und 1795, unter der Regentschaft von Stanislaw II., dem letzten König Polens, erlebte Warschau auf dem Gebiet der Kunst seine größte Blütezeit. Der König, ein großer Bewunderer italienischer Kunst, ließ Bernardo Bellotto – genannt Canaletto – an seinen Hof kommen. Dieser schuf 26 große Veduten von Warschau und Wilanow. Sie dienten den Architekten, die sich nach dem Zweiten Weltkrieg um den Wiederaufbau der Stadt bemühten, als Vorlage.

Danzig, Blick auf das Krantor

Danzig – polnisch Gdańsk – liegt am Zusammenfluss von Mottlau und Weichsel, war nach dem Wiener Kongress 1815 Hauptstadt Westpreußens und besaß um 1890 einen der wichtigsten Handelshäfen der Ostsee. Die Anfang des 14. Jahrhunderts befestigte Hansestadt wurde mehrfach belagert, war bis 1793 autonom, fiel anschließend den Preußen, dann den Truppen Napoleons in die Hände und gelangte 1814 wieder in preußischen Besitz. Architektonisch gleicht die schöne Handelsstadt mit ihren Giebelhäusern und alten Getreidespeichern anderen Hansestädten wie Hamburg oder Lübeck. Das Krantor am Kai der Mottlau enthielt zwei hölzerne Hebevorrichtungen. Nach 1945 wurde die Stadt, die heute wieder zu Polen gehört, sorgfältig wiederaufgebaut und restauriert. Danzig ist die sechstgrößte Stadt Polens und besitzt den bedeutendsten Hafen des Landes.

Breslau, Rathaus (rechts)

Breslau liegt im Südwesten Polens, unweit der tschechischen Grenze – und damit mitten im Brennpunkt böhmischer, polnischer, österreichischer und preußischer Kultureinflüsse. Das Rathaus aus dem 15. Jahrhundert, eine harmonische Mischung aus deutscher Spätgotik und nordischer Architektur, veranschaulicht dies auf großartige Weise. Der Turm ist mit einer Renaissance-Laterne geschmückt. Heute beherbergt das Rathaus das Historische Museum Breslaus. Auf dem Marktplatz, vor dem zentralen Baukörper, der 1270 errichtet wurde und lange Zeit als Markthalle diente, stand seit 1861 ein Reiterstandbild König Friedrich Wilhelms III. Heute steht hier die Statue des »polnischen Molière« Aleksander Graf Fredo. Dieser Autor satirischer Komödien, ein fanatischer Verfechter der polnischen Unabhängigkeit, meldete sich 1807 freiwillig zur napoleonischen Armee, um an der Vertreibung der österreichisch-ungarischen Besatzer teilzuhaben. Richtig anerkannt wurde er erst nach seinem Tod im Jahr 1896. Auch dies hat er mit Molière gemeinsam.

Lettland

Riga, Eisenbahnbrücke

Riga, das im 13. Jahrhundert auf einer Insel der Düna nahe der Mündung in die Ostsee erbaut wurde, war schon immer eine Transitstadt mit einem sehr bedeutenden Hafen. Sie gehörte zur Hanse, geriet aber später unter polnische, schwedische und russische Herrschaft. Als Schleuse zwischen Ost und West war die lettische Hauptstadt seit jeher Angriffen ihrer Nachbarn ausgesetzt und verschanzte sich hinter befestigten Umfassungsmauern. Die kapriziöse Düna, der »Schicksalsfluss« und einzige Zugangsweg, spielt in der Geschichte der Stadt, die mehrfach von katastrophalen Überschwemmungen heimgesucht wurde, die Schlüsselrolle. Zwischen 1701 und 1888 erhielt Riga mehrere Floßbrücken, die man im Frühjahr auf- und am 1. November wieder abbaute. In den 1860er Jahren wurde die Stadt an das Schienennetz angeschlossen, und eine Eisenbahnbrücke wurde unumgänglich. Die zwischen 1871 und 1873 erbaute Brücke, die hier abgebildet ist, passierten Züge, Fußgänger und Karren. Fünf Kopeken kostete die Überquerung mit einer Handkarre, sechs Kopeken mit einem leeren und zehn Kopeken mit einem vollen Pferdewagen. Fußgänger, Feuerwehrleute, Ärzte mit Fuhrwerk, Priester und Polizisten passierten die Brücke umsonst. Unter der Fahrbahn, im Bildvordergrund, sieht man große Holzflöße in Richtung Ostsee treiben, wo Frachtschiffe auf sie warten.

Russland

Moskau, Basilius-Kathedrale

Am 1. Oktober 1552, dem russisch-orthodoxen Feiertag Pokrow, dem Tag des Maria-Schutz-Festes, eroberte Iwan IV. der Schreckliche die Tartarenhauptstadt Kasan. Dieser Sieg war ihm von Basilius dem Seligen vorausgesagt worden – einem jener hellsichtigen Narren, die in der volkstümlichen Tradition und der Literatur Russlands so präsent sind. Um dieses Ereignisses feierlich zu gedenken, dem Himmel, der Jungfrau und dem Heiligen zu danken und vor allen Dingen um seine eigene Bedeutung zu untermauern, beauftragte der Zar den Architekten Postnik Jakowlew mit dem Entwurf einer Kirche, die alle je geschaffenen religiösen Bauwerke an Schönheit übertreffen sollte. Auf dem Grundriss eines griechischen Kreuzes konzipierte Postnik eine überschwängliche byzantinische Kirche nach dem Vorbild der Hagia Sophia in Konstantinopel: Der große, von mehreren kleinen Türmen flankierte Mittelturm ist 57 Meter hoch und wird von einem vergoldeten Zwiebeldach gekrönt; vier weitere mächtige, mehrfarbige Türme mit Zwiebeldächern – auch sie von kleineren Türmen begleitet – markieren die Eckpunkte des Kreuzes; auf den Turmspitzen funkeln vergoldete Kreuze. Dieses imposante, an orientalisches Zuckerwerk erinnernde Bauwerk mit seinen leuchtenden Farben steht wie eine Krone mitten auf dem Roten Platz. 1561 wurde es vollendet. Der Legende nach ließ der Zar seinen Architekten blenden, damit er niemals wieder ein Werk von solcher Schönheit schaffen könne …

Archangelsk, Verladen von Kabeljau

Archangelsk, wo die Dwina ins Weiße Meer mündet, war im Mittelalter eine prosperierende Hafenstadt – die erste Russlands. Kaufleute aus ganz Europa deckten sich dort mit Fisch, Holz und Pelzen ein, vor allem Engländer, die von einem Handelsabkommen profitierten, das der englische König im 16. Jahrhundert mit Zar Iwan IV. getroffen hatte. 1693 ordnete Peter der Große den Bau einer Marinebasis in Archangelsk an und ließ die Stadt, die zum Ausgangspunkt siegreicher Militärzüge gegen die Schweden werden sollte, befestigen. Der Hafen jedoch litt unter einem schweren Handicap: Fünf Monate im Jahr war er vereist, und während dieser Zeit lag die Flotte manövrierunfähig in den Docks. Schon bald verlegte Peter der Große seine Schiffe deshalb in das 1703 gegründete Sankt Petersburg, seine spätere Hauptstadt. Den vom Verfall bedrohten Hafen am Weißen Meer rettete die Fischerei. 1818 konstatierte Bernardin de Saint-Pierre, dass »die Eismassen dieses Ozeans jedes Jahr eine erstaunliche Menge an Heringen« absonderten. Hundert Jahre später wurde am Kai der Dwina tonnenweise gepökelter Kabeljau verladen. Daran hat sich bis heute nichts geändert.

Bäurin aus Archangelsk (rechts)

Ein schwerer Damastrock, eine weiße Bluse mit Puffärmeln, Wams, Hochfrisur, eine rot bestickte Haube – diese Frau trägt ein Festgewand. Das Rot ist ein traditionelles Symbol für Leben und Sonne.

Tundra in der Region Archangelsk (folgende Doppelseite)

Mitternachtssonne, Samen und Rentiere – Théophile Gautier fand diese zierlichen Tiere mit ihren schmalen Läufen und »Hirschgeweihen« niedlich.

Sankt Petersburg, Anitschkow-Brücke und Belosselski-Beloserski-Palast

Sankt Petersburg, dessen Existenz sich allein der Willensstärke Peters des Großen verdankt, der die Stadt am Rande des russischen Reichs um den Preis unmenschlicher Anstrengungen den Sümpfen entreißen ließ, inspirierte Schriftsteller und Reisende vergangener Jahrhunderte zu den widersprüchlichsten Kommentaren. Wie begeistert äußerten sich manche über die »seltsame« Schönheit des Newski Prospekts, über den »Ehernen Reiter« – das Denkmal für Peter I. –, die »mit großartigen Brüstungen geschmückten« Granitkais, den ocker- oder »rhabarberfarbenen«, roten oder »kohlgrünen« Fassadenputz oder »den sechs Monate lang weißen Boden«. Doch es gab auch Kritik: Sankt Petersburg bestehe aus gigantischen Bauwerken von schlechtem Geschmack, zu großen Plätzen, zu engen Straßen und sei eine Stadt von Millionären, in der man bloß Prinzen und Soldaten zu Gesicht bekomme und lauter fremde Sprachen höre. Insbesondere die Straßen waren ein unerschöpfliches Thema. Tatsächlich wurden sie jedes Jahr neu gepflastert, so sehr setzte das Tauwetter ihnen zu. Obwohl die »schlechten eckigen Steine«, über die sich der französische Reiseschriftsteller Astolphe de Custine Anfang des 19. Jahrhunderts beschwerte, im 19. Jahrhundert gegen Granitpflaster ausgetauscht wurden, musste auch dieses am Ende des Winters an manchen Stellen ersetzt werden. Mit dieser Aufgabe sind die Arbeiter auf dem hier abgebildeten Photochrom beschäftigt. Neben ihnen zockeln leichte Einspänner über die Anitschkow-Brücke.

Sankt Petersburg, die Newa und die Anlegestelle der Zarenjacht

»Zwischen dem milchigen Wasser und dem perlmuttfarbenen Himmel … die großartige Silhouette Sankt Petersburgs, dessen Amethysttöne diese beiden fahlen Unermesslichkeiten wie eine Demarkationslinie trennten. Es gab nichts Prachtvolleres als diese Stadt aus Gold …, in der der Abend schon das weiße Schimmern der Morgendämmerung in sich trug«, so Théophile Gautier 1858. Auf der Newa, auf der noch ein paar Eisschollen treiben, sind die Jachten des Zaren vor dem klassizistischen, 1824 von Glinka erbauten Palais des Grafen Nikolai Petrowitsch Rumjantsew vertäut. Rechts erkennt man die *Alexandria,* die 1851 für Nikolaus I. gezimmert und auf den Namen seiner Gattin Alexandra Fedorowna getauft wurde. Die russischen Herrscher benutzten das Schiff fünfzig Jahre lang. Zar Nikolaus II. beispielsweise empfing an Deck Kaiser Wilhelm II. und den französischen Präsidenten Félix Faure.

Moskau, der Kreml (folgende Doppelseite)

Eine Panoramaansicht von Moskau mit der sich am Kreml entlangschlängelnden Moskwa. Das Bild wurde von der zinnenbewehrten Umfassungsmauer des Kreml aus aufgenommen. Einer der Zugänge, der Spasskaja-Turm, ist am rechten Bildrand zu sehen. In der Mitte ziehen die vergoldeten Zwiebeltürme der Erlöser-Kathedrale den Blick auf sich.

Moskau, Auferstehungstor mit Kapelle

Wir befinden uns auf dem Roten Platz. Direkt vor uns liegt einer der Kremlzugänge, das Auferstehungstor, »das ein Gegenstand von solcher Verehrung war …, dass niemand es mit bedecktem Kopf durchschritten hätte, nicht einmal der Zar«, wunderte sich Théophile Gautier, der den Grund dieser Verehrung nicht kannte. Wir kennen ihn. Sehen Sie das kleine, von einer Straßenbahn halb verdeckte Gebäude zwischen den beiden Torbögen? Das ist die Kapelle der Iberischen Muttergottes, vor der die Moskauer einschließlich des Zaren ihre Kopfbedeckung abnahmen, »selbst wenn es unangenehm ist, bei einer Eiseskälte von 25 Grad minus seine Pelzmütze in der Hand zu halten«. In der Kapelle mit der wunderbaren Tichwin-Ikone beteten die orthodoxen Christen zur Jungfrau Maria, der Mutter Gottes, die im 14. Jahrhundert, mit einem Strahlenkranz aus Licht umgeben, den Fischern von Ladoga erschienen war. Wenig später entdeckte man ihre Ikone in dem Dorf Tichwin, erbaute eine Kirche und dann ein Kloster. Beide überstanden mehrere Brände, so wie alle Bauwerke – in Nowgorod, Riga und Moskau –, die Kopien der Ikone besaßen, von schwerwiegenden Katastrophen verschont blieben. Deshalb muss man die Kopfbedeckung abnehmen, wenn man an der Kapelle der Gottesmutter, der »Mutter Russlands«, vorbeigeht.

Moskau, Zarenglocke

Über die Geschichte dieser Glocke sind so viele Versionen im Umlauf, dass es schwierig ist, die richtige herauszufiltern. Wann wurde sie überhaupt gegossen? 1725, sagen die einen, 1733 oder 1735 die anderen. Manche behaupten, es sei 1737 gewesen. Auch von einer ersten Glocke aus dem 16. Jahrhundert ist manchmal die Rede: Nachdem diese im Jahr 1701 verbrannt sei, habe man aus ihren Resten die Zarenglocke gegossen, die bei einem erneuten Brand aber zerbrochen sei. Über Größe und Gewicht der Glocke ist man sich weitgehend einig: Sie soll 180 bis 200 Tonnen wiegen, etwa sechs Meter hoch sein und den gleichen Durchmesser haben. Das wie ein Augapfel gehütete Stück am Fuß des Sockels wiegt nach landläufiger Meinung elf Tonnen. Doch wie ist die Zarenglocke nun zerbrochen? Durch einen Brand (siehe oben) oder weil sie beim Transport zu Boden fiel? Nein, antworten die Vertreter der ersten These, sie sei zerborsten, als der Brand mit kaltem Wasser gelöscht wurde. Jedenfalls glaubt niemand, dass sie jemals geschlagen hat – außer dem Forschungsreisenden Daniel Lescallier, der im 18. Jahrhundert behauptete, dass die Glocke »nur dazu gedient habe, bei Frauen Fehlgeburten herbeizuführen und die Leute schwerhörig zu machen«. Zum Glück sei sie bei einem Brand »mit großem Getöse« heruntergefallen und habe sich »mehrere Fuß tief« in die Erde gebohrt. Wer weiß.

Nischni Nowgorod, Brücke zur Messe

Auf den ersten Blick fühlt man sich an Venedig erinnert. Doch weder Venedig noch das Meer sind hier zu sehen, obwohl man Inseln erkennt, obwohl das Auge sich zwischen Wasser, Himmel und Erde verliert. Nein, wir befinden uns in Nischni Nowgorod, einer Handelsmetropole am Zusammenfluss von Oka und Wolga. Die umliegenden Dörfer weisen noch Spuren ehemaliger Befestigungsanlagen auf, die zur Zeit der Tartaren- und Mongoleninvasionen im 14. Jahrhundert errichtet wurden. Anfang des 19. Jahrhunderts, unter der Herrschaft der Zaren in Moskau, erlebten Nischni Nowgorod und die Orte in seiner Umgebung einen Aufschwung. 1817 wurde die große Messe von Makarew an das gegenüberliegende Ufer der Oka verlegt und durch eine Pontonbrücke mit Nischni Nowgorod verbunden. »Unmengen von Menschen« passierten die Brücke, schrieb Théophile Gautier. »Auf beiden Seiten verschwand der Fluss unter einem gigantischen Gewimmel von Kähnen … In hohen Sätteln auf ihren kleinen Pferden thronend, ritten die Kosaken, die als Messepolizei eingesetzt waren, gemessen … zwischen Droschken, Holzwagen, Fuhrwerken aller Art und Passanten beiderlei Geschlechts herum.« Dann beschrieb Gautier noch die Teehäuser, in denen Geschäfte gemacht wurden, die Lager sibirischer Pelzhändler und Schiffe, die »mit Getreide im Wert von mehreren Millionen« beladen waren. Er schilderte eine Stadt, in der ihn alles in Staunen versetzte und befremdete.

Russischer Bettler (links)

Der Blick dieses Bettlers weicht dem Objektiv nicht aus. Es ist der Blick eines Menschen, den Entbehrungen altern ließen; er ist verbraucht und mittellos, aber er bewahrt Haltung. Eine dieser armen Gestalten, die Astolphe de Custine schilderte, als er 1839 die »kaum verhohlene Barbarei des prunksüchtigen russischen Adels« anprangerte und die miserablen Lebensbedingungen der kleinen Leute beschrieb. Ihr grausames Los verbesserte sich auch nach Abschaffung der Leibeigenschaft im Jahr 1861 kaum, denn die Bauern waren nun zwar frei, blieben aufgrund ihrer Armut aber der Willkür der Grundbesitzer unterworfen. Als Zwangsrekrutierte kamen viele von ihnen an den Bettelstab und verließen notgedrungen ihr Land. Ganze Dörfer entvölkerten sich, und man sah ihre einstigen Bewohner auf der Suche nach Nahrung umherirren. Auch Maxim Gorki hatte das Elend seiner Geburtsstadt Nischni Nowgorod am eigenen Leib erfahren: Kaum zehnjährig, hauste der sich selbst überlassene Waise unter anderem in Kellerlöchern, die er in seinem berühmten, 1902 erschienenen Theaterstück *Nachtasyl* verewigte, und verdingte sich als Hafenarbeiter.

Kaukasus, in der Gegend von Wladikawkas

In einer Ebene am Fuße des Kaukasus, der in der Abendsonne rötlich aufleuchtet, haben sich ein paar Kosaken eingefunden – Männer, die ihre Väter schon im Alter von sechs oder sieben Jahren in den Sattel setzten und die ihre Pferde mit zwölf bereits »so sicher und gewandt führten, als ob sie ausgewachsene Männer seien« (J. F. Gamba, 1820). Wladikawkas ist die Hauptstadt von Nordossetien im südlichen Teil des Kaukasus, der an die Türkei und das damalige Persien grenzt – nicht weit entfernt von Georgien, das nacheinander von Persern, Osmanen und Russen besetzt wurde. Die Bevölkerung ist folglich außerordentlich gemischt: Armenier, Georgier, Russen – orthodoxe Christen, Juden, schiitische und sunnitische Muslime, sogar Hindus – ließen sich seit dem 5. Jahrhundert in dieser Region nieder. Im 18. und 19. Jahrhundert trieb Wladikawkas Handel mit dem georgischen Tiflis, das seit 1799 durch die Georgische Heerstraße mit ihm verbunden war. In der Karawanserei von Tiflis tauschten die ossetischen Kaufleute Pelze und Wollkleidung gegen persische Seide. Die Annexion Georgiens durch die Russen 1801, die Kriege der europäischen Großmächte, der Kampf gegen fremde Besatzer und der Tschetschenienkrieg haben das tragische Schicksal des Kaukasus bis heute geprägt.

Kaukasus, Tartarenhaus

Ursprünglich bildeten die Tartaren ein Khanat bei den nomadischen Turkvölkern im Norden Chinas. Als die Mongolen sie im 13. Jahrhundert vertrieben, ließen sich die Tartaren, die Batu, einem Enkel von Dschingis Khan, unterstanden, weiter westlich am Mittellauf der Wolga und der Kama nieder. Dort lebten sie, bis im 19. Jahrhundert enteignete russische Grundbesitzer ihr Land plünderten und sie zur Rückkehr in ihre ursprüngliche Heimat zwangen. Diejenigen Tartaren, die zu Beginn des 20. Jahrhunderts in den kaukasischen Städten lebten, bewohnten eigene Viertel und logierten in Holzhäusern mit Außengalerien. Auf dem Land jedoch hatten viele Tartaren ihre nomadische Lebensweise beibehalten und lebten in Zelten. Auf diesem Bild ist eine mehrköpfige Tartarenfamilie zu sehen: Das männliche Familienoberhaupt im Vordergrund hat einen langen Kaftan angelegt und die obligatorische Pelzmütze aufgesetzt. Die Frauen hinter ihm tragen die traditionelle, mit farbiger Stickerei geschmückte Tracht und Kopftücher – Tartaren sind Muslime.

Ukraine

Kiew, Ufer des Dnjepr

Die Ukraine war das Zentrum des Reichs der Rus, das im 9. Jahrhundert von Slawen und den schwedischen Wikingern gegründet wurde. Kiew, ihre Hauptstadt, gilt als »Mutter der russischen Städte«. Jedes Frühjahr brachten die Flussschiffer von Kiew ihre Ladung über den Dnjepr und das Schwarze Meer nach Konstantinopel, um sie dort gegen Gold und Seidenstoffe einzutauschen. Konstantinopel, dessen Glanz den jungen Kiewer Großfürsten Wladimir zum Christentum konvertieren ließ. Seine Taufe im Jahr 988 – und die all seiner Untertanen – im Dnjepr markiert den Beginn einer tiefgreifenden, landesweiten Christianisierung. Kiew besitzt das älteste Kloster der Ukraine, das Höhlenkloster, das den Ehrentitel Lawra trägt. In seinen Katakomben ruhen die Überreste von dreihundert Heiligen. Im 19. Jahrhundert pilgerten unzählige Gläubige aus dem ganzen russischen Reich zum Höhlenkloster. Um das hier abgedruckte Bild zu beschreiben, sei der mystisch angehauchte Autor der *Toten Seelen,* Nikolai Gogol, zitiert, der zu Beginn des 19. Jahrhunderts in der Urkaine geboren wurde: »Wie schön ist der Dnjepr, wenn er bei ruhigem Wetter frei durch Wälder und Hügel strömt … Wie schön ist der Dnjepr in einer warmen Sommernacht, wenn alles schläft, Menschen, Tiere, Vögel; nur Gott betrachtet hoheitsvoll Himmel und Erde und schüttelt würdevoll seine Kleider aus. Sterne quellen daraus hervor; sie glühen und erleuchten die Welt und spiegeln sich alle im Dnjepr.«

Odessa, Potemkin-Treppe

»Ihre Sonne, ihr Grün, ihre Blumen, ihre Düfte, ihre Lebenskunst, ihre liebliche Landschaft, ihre Andenken an die griechische Antike, in der sie ›Tauris‹ hieß« (ein Name, den Katharina II. ihr von neuem verlieh), ihr neuer Status als Khanat der Tartaren – all das »nährte die Phantasien über die Krim« (Claude de Grève). Odessa und die Krim unterscheiden sich grundlegend vom Rest der Ukraine. Nachdem Grigori Alexandrowitsch Potemkin – der berühmte Liebhaber Katharinas II. – 1794 die Provinz Neurussland erobert hatte, nahmen Odessa und die Krim die »unerwünschten Untertanen« des Zarenreichs auf, insbesondere Juden. Im 19. Jahrhundert interessierte sich ganz Europa für diese Region. Odessa wurde von dem Franzosen Armand Emmanuel Duplessis, Herzog von Richelieu, verwaltet, dessen Denkmal am oberen Ende der 142 Meter langen Potemkin-Treppe steht. Puschkin, der 1823 in Odessa im Exil lebte, schrieb: »In Odessa kann man Europa spüren!« Diese kosmopolitische Stadt, die den ersten russischen Hafen und Marinestützpunkt am Schwarzen Meer besaß, hatte ein nicht alltägliches Schicksal. 1905 wurden auf den Stufen der Potemkin-Treppe die revolutionstreuen Matrosen des Panzerkreuzers Potemkin niedergemetzelt, denen Sergej Eisenstein in seinem berühmten Film »Panzerkreuzer Potemkin« ein Denkmal setzte. Im Zweiten Weltkrieg ließ die sowjetische Regierung die Bevölkerung Odessas mehr oder weniger verhungern und massenhaft deportieren.

Alupka, Schloss Woronzow (rechts)

Dieses Schloss, das einer Geschichte aus *Tausendundeiner Nacht* entstammen könnte, ist die ehemalige Residenz des Fürsten Michail Semjonowitsch Woronzow, eines brillanten Offiziers, der sich in mehreren Schlachten gegen Napoleon und im russisch-türkischen Krieg auszeichnete. Nachdem er 1823 zum Generalgouverneur der Krim ernannt worden war, ließ er sich in Alupka am Schwarzen Meer nieder. Der in England erzogene Fürst vertraute die Planung seines Schlosses dem Architekten Edward Blore an, der bereits für einen Erweiterungsbau des Buckingham Palace mitverantwortlich gezeichnet hatte. In dem zwischen 1826 und 1846 errichteten Schloss Woronzow mischen sich maurischer, Tudor- und neugotischer Stil. Am südlichen Eingang verkündet eine arabische Inschrift: »Es gibt keine Seligkeit außer in Allah«. Der riesige, mit Springbrunnen ausgestattete Park besitzt einen botanischen Garten, den der deutsche Gartenbaumeister und Botaniker Carolus Antonius Keebach anlegte.

Tschechien

Karlsbad, neue Sprudelkolonnade

»Um sich in Karlsbad wohl zu fühlen«, schrieb Baron Pöllnitz in seinen Memoiren, »muss man drei Dinge mitbringen: ein Bett, Wein und einen Koch.« Nun war der Baron ein Mann des 18. Jahrhunderts und die älteste Thermalstadt Böhmens seinerzeit – um 1740 – nicht mehr als »eine relativ friedliche Quelle, in deren Umgebung man sich gewaltig langweilte«. Doch schon Ende des 18. und vor allem während des 19. Jahrhunderts versuchte der Kurort, den Ansprüchen und dem extravaganten Geschmack massenhaft eintreffender »moderner« Kurgäste gerecht zu werden. Gebäude wurden ausgebaut und modernisiert, neue kamen hinzu, so zum Beispiel die gusseiserne Sprudelkolonnade, die die Wiener Architekten Ferdinand Feller und Hermann Helmer entworfen hatten. Sie wurde 1880 fertiggestellt und führte an der um die Quelle errichteten Anlage entlang. Die Ärzte sprachen mehrere Sprachen und konnten damit bei einer hauptsächlich ausländischen Klientel, die vorwiegend aus Russland, Deutschland, Österreich, Frankreich und England kam, natürlich punkten. Zu Beginn des 20. Jahrhunderts schätzte man an Karlsbad sein mondänes Flair ebenso wie seine Quellen: 1756 kamen 134 Familien zur Kur; 1890 waren es 26 000 Kurgäste, 1911 schon 71 000.

Prag, Karlsbrücke

»Im Herzen des alten Böhmen, im Land des goldenen Weins und der bunten Gläser«, schreibt Michel Tournier, liegt Prag. Prag, wo die Moldau im Winter »für Schlitten und Schlittschuhläufer eine tadellose Piste darstellte«. Tournier schildert auch die Zusammenkunft zwischen Mozart, seinem Librettisten Da Ponte und Casanova, der kurz zuvor den Bleikammern von Venedig entflohen war. Die drei Herren trafen sich am Sonntag, dem 26. Januar 1786, im Café Alcron. Im Jahr darauf wurde im Prager Nationaltheater *Don Giovanni* uraufgeführt. Der Altstädter Brückenturm und die klassizistischen Gebäude am Moldau-Ufer waren – und sind – ein beliebtes Postkartenmotiv. Mit dem Bau der Brücke wurde 1357 unter der Regentschaft Kaiser Karls IV. begonnen. Lange Zeit war sie Prags einzige Verbindung zum anderen Ufer der Moldau. Am linken Bildrand ist die Kuppel der Barockkirche St. Nikolaus zu sehen.

Prag, Teynkirche (rechts)

Die schönste gotische Kirche Prags, die Kirche der Jungfrau Maria vor dem Teyn, prägt das Erscheinungsbild des Altstädter Rings (des ehemaligen Marktplatzes) seit dem 14. Jahrhundert. Ihr Bau dauerte fünfzig Jahre und wurde von deutschen Kaufleuten finanziert, die in der vorgelagerten Teynschule untergebracht waren. Zwei Jahrhunderte später wurde das Innere der Kirche im barocken Stil umgestaltet. 1650 schuf der tschechische Bildhauer Jiři Bendl die Mariensäule (rechts im Bild), eines der ersten Barockdenkmäler Prags. Auf dem Piedestal ringen vier Engel mit dem Teufel; die Säule ist von einer Marienstatue gekrönt. Sie wurde am 3. November 1918, einige Tage nach der Gründung der Tschechoslowakischen Republik, zerstört; seit 1990 setzt sich die Gesellschaft zur Erneuerung der Mariensäule für ihre Rekonstruktion ein.

EM. ALTSCHUL
THE GRESHAM
SIGM. J. PERUTZ
VINCENTIA WIRTZ

Marienbad, die Kolonnade

Die böhmische Kleinstadt Marienbad schmiegt sich in den Talkessel des Kaiserwaldes, in dem sich im 15. Jahrhundert die Mönche des Klosters Tepl niederließen, nachdem sie die erste Heilquelle entdeckt hatten. Marienbad – Mariánské Lázně auf Tschechisch – wurde erst Anfang des 19. Jahrhunderts offiziell zum Kurort ernannt. Dass es diesen Status überhaupt erhielt, verdankt sich den vereinten Bemühungen des Ordinarius von Kloster Tepl, Dr. Josef Nehr, der die Heilquellen systematisch zu erforschen begann, und des Abtes Kaspar Reitenberger. 1807 wurden die ersten Quellen, die Kreuzquelle, die Salzquelle (umgetauft in Marienquelle) und die Ambrosiusquelle, für Kurgäste zugänglich gemacht. Zu diesen gehörte auch Goethe: Er begab sich 1820 nach Marienbad. Ihr sanftes Murmeln brachte der Marienquelle den Namen »singende Quelle« ein. Die graziöse neobarocke Kolonnade – einfach »die Kolonnade« genannt – wurde 1889 von den Wiener Architekten Miksch und Niedzielski entworfen.

Marienbad, Ambrosiusquelle

»Es wird Herbst, und die Bäume färben sich gelb, rot, braun; das in einem schönen Tal gelegene Badestädtchen ist gleichsam von einer Feuersbrunst umgeben. Unter den Kolonnaden gehen Frauen und neigen sich über die Quellen. Es sind Frauen, die keine Kinder bekommen können und hoffen, in diesem Bad fruchtbar zu werden«, schreibt Milan Kundera in seinem Roman *Abschiedswalzer.* Damit ist alles gesagt, was es über Marienbad zu sagen gibt. Es waren tschechische Schriftsteller wie Kafka und Kundera oder deutsche wie Goethe und Thomas Mann, die die widersprüchliche Atmosphäre von Thermalbädern, die Verschleierung von Krankheit durch ein mondänes Gesellschaftsleben, am besten einfingen. An der außerordentlich eisenhaltigen Ambrosiusquelle suchten Anämie-, vor allem aber Tuberkulosepatienten schon sehr früh Linderung. Auch Kafka, ein Stammgast in Marienbad, wurde von der im 19. und beginnenden 20. Jahrhundert weit verbreiteten, oft tödlich verlaufenden Tuberkulose dahingerafft.

BLOCH
SCHAFER

Ungarn

Budapest, Klothildenpaläste

Kelten, Römer, Magyaren, Deutsche, Türken, Österreicher – sie alle prägten die »Perle an der Donau«, die orientalischste der mitteleuropäischen Hauptstädte. Wasser ist das »Schicksalselement« dieser »Stadt der Bäder«, in der sich das Weltbürgertum genauso frei entfaltete wie die Zigeunermusik. Es gibt in Budapest so viele türkische Bäder wie westlich geprägte Thermalbäder, so viele Kirchen wie Klöster und Synagogen. Mitte des 19. Jahrhunderts unterstand Ungarn dem österreichischen Kaiser, und nach der Vereinigung von Buda und Pest im Jahr 1872 gewöhnten sich die Großbürger von Pest allmählich an die österreichische Lebensart. Die Stadt entwickelte sich rasch. Zwischen 1872 und 1900 wurden Bahnhof, Universität, Parlament und Oper erbaut, 1896 die erste U-Bahn in Betrieb genommen (noch vor der Pariser Metro) – aus Anlass der Feierlichkeiten zum tausendjährigen Jubiläum der magyarischen Landnahme. Große Prachtstraßen, Plätze und Jugendstilpaläste entstanden. Die Klothildenpaläste, 1902 nach Plänen der Architekten Flóris Korb und Kálmán Giergl erbaut, sind nach dem Vornamen der Gattin des Erzherzogs Joseph Karl Ludwig von Österreich, Clothilde Marie von Sachsen-Coburg-Saalfeld, benannt. Im Zentrum des Bildes in der Verlängerung der Szabadsajtó út ist die ebenfalls um diese Zeit entstandene Elisabethbrücke zu sehen. Sie verdankt ihren Namen der österreichischen Kaiserin, die als »Sissi« bekannt ist.

Bosnien

Kirchweihfest in Bosnien

Auf einer großen Wiese am Waldrand haben sich bosnische Dorfbewohner zu einem Erntedankfest zusammengefunden, das mit einer Art Kirmes verbunden war. Obwohl die Einwohner Bosniens meist Muslime waren, hatte sich für ein solches Fest hier der süddeutsch-österreichische Ausdruck für eine Kirmes, nämlich »Kirchweih« verbreitet – ursprünglich die Bezeichnung für das Fest des Namenspatrons einer Gemeinde, also eines christlichen Heiligen. Dies erklärt sich dadurch, dass das Land seit 1878 von Österreich-Ungarn verwaltet wurde. Die feiertäglich gekleideten Dorfbewohner auf diesem Bild aus den 1890er Jahren warten gespannt auf die Rückkehr der jungen Männer, die im Wald den »Kirchweihbaum« ausgraben. Oft wählten sie ein bis zu dreißig Meter hohes Exemplar, das von einem Pferd oder von den jungen Leuten selbst aus dem Wald gezogen und an einer vorbereiteten Stelle wieder eingepflanzt wurde. Wenn der Baum einging, war dies ein schlechtes Omen.

Das türkische Viertel in Sarajevo

Bosnien, an der Wasserscheide zwischen dem Schwarzen Meer und der Adria gelegen, ein Land, dessen Kultur von römischen und byzantinischen, von westlichen und orientalischen Einflüssen geprägt wurde, ist und bleibt ein Konfliktgebiet, in dem verfeindete Völker im Laufe der Jahrhunderte immer wieder aufeinander losgingen. So trafen orthodoxe, katholische und bogomilische Kulte (die möglicherweise auf den Mitras-Kult oder Sonnenkult zurückgehen) im 15. Jahrhundert auf den von den Türken »importierten« Islam. Die dreihundert Jahre währende Besetzung durch die Osmanen hat Bosnien tief geprägt. Es heißt, der bogomilische Glaube habe aufgrund seiner vergleichsweise starken Durchlässigkeit Übertritte zum Islam erleichtert. Auch sollen viele Menschen zum muslimischen Glauben konvertiert sein, um ihre Privilegien und ihren Besitzstand zu wahren. Wie auch immer – das türkische Viertel in Sarajevo war zur Zeit der Osmanen sehr lebendig, und die Bosniaken, ein Volk slawischen Ursprungs, waren unter der österreichisch-ungarischen Verwaltung nicht glücklicher als während der türkischen Besatzung. Erinnern wir uns nur, dass es ein bosnischer Serbe war, der Erzherzog Franz-Ferdinand in Sarajevo erschoss und damit den Ersten Weltkrieg auslöste …

Sarajevo, Marktplatz (rechts)

In einem Reiseführer aus den 1950er Jahren heißt es über Sarajevo: »Es ist der Orient, und es ist Österreich. Das Orientalische daran sind diese Minarette, diese Sträßchen, die sich bewaldete Hügel hinaufschlängeln; das Österreichische die geraden Straßen und die das Stadtbild beherrschenden Festungen.« Doch Sarajevo wurde von den Türken gegründet, und man nannte es die »die Blume unter den Städten«, die »Stadt der Soldaten und der Sieger«, die »gesegnete Stadt«. Auf dem orientalischen Markt zu Füßen einer Moschee mit Minarett wimmelt es von verschleierten Frauen und Männern mit Turbanen. Die westliche Kultur tritt hier völlig in den Hintergrund. Nur flüchtig erahnt man sie in dem klassizistischen Giebeldreieck des links in das Bild hineinragenden Gebäudes.

Am Rande der Dinarischen Alpen in der Herzegowina

Die Dinarischen Alpen erstrecken sich von der Region Lika im westlichen Bosnien bis nach Montenegro. Diese Gebirgslandschaft, in den Augen moderner Alpinisten der »Himalaja der Herzegowina«, ist vom Wasser geprägt – ein Landstrich, in dem sich Quellen und grüne Täler mit tiefen, jäh abfallenden Schluchten, Wasserfällen, riesigen Kiefern- und Fichtenwäldern abwechseln. Die Bauern aus Bosnien-Herzegowina lebten lange Zeit von der Jagd und der Fischerei, vom Holzhandel und von der Viehzucht. Im Süden, in der Nähe der Adriaküste, ist das Klima milder, maritimer, und in den Ausläufern des Gebirges gedeihen Feigen-, Orangen-, Lorbeerbäume und Zypressen.

Junge Frau aus Sarajevo (links)

Diese junge Frau wurde im Studio vor einem gemalten Hintergrund aufgenommen und ist sehr wahrscheinlich eine Muslimin. Dafür spricht ihre weite orientalische Pluderhose. Der rote Seidenstoff, aus dem sie gefertigt ist, weist darauf hin, dass es sich um eine Festtracht handelt. Die langärmlige Baumwollbluse ist ein gewöhnliches Kleidungsstück, das nicht nur Musliminnen trugen; diese hier ist jedoch bestickt und hat einen Spitzenbesatz. Der Damastgürtel und das darauf abgestimmte, mit Bordüren verzierte Mieder wurden ebenfalls von Katholikinnen und orthodoxen Christinnen getragen, doch das Fehlen einer Schürze lässt vermuten, dass diese Frau dem muslimischen Glauben anhing. Bei den Lederpantoffeln handelt es sich um traditionelle »Opanci«, die auf dem ganzen Balkan verbreitet waren.

Montenegro

Ankunft der Post in Cetinje

»Herrgott, wir dachten, wir seien irgendwo auf dem Mond gelandet!«, entfuhr es Pierre Loti, als er auf dem Lovćen um sich blickte, diesem trockenen, kahlen Berg bei Cetinje, der Hauptstadt Montenegros – das wörtlich übersetzt Land der »schwarzen Berge« bedeutet. Während Loti sich von dem überraschenden Anblick erholte, widmete sich der Photograph dieses Bildes der Ankunft der Post. Cetinje war in den 1890er Jahren bloß ein großer Marktflecken, obwohl Fürst Nikolaus I. (ab 1910 König) sich um einen Lebensstil bemühte, der eines gekrönten Hauptes würdig war. Die Ankunft der Post war für die Einheimischen noch ein echtes Ereignis. Denn obwohl an der nur 45 Kilometer weit entfernten Adriaküste Hochbetrieb herrschte – wobei die Österreicher den Ton angaben –, blieb Cetinje ein verschlafenes Nest. Seit 1864 besaß es immerhin ein Grand Hôtel, in dem ruhe- und frischluftbedürftige Touristen Unterkunft fanden.

Rumänien

Bukarest, Denkmal Michaels des Tapferen

Die Urahnen der Rumänen, die Skythen und die Agathyrsen, die die Goldminen Transsilvaniens ausbeuteten, wanderten einst die Karpaten hinab, um sich zwischen dem Schwarzen Meer und der Donau anzusiedeln. Zur Zeit der römischen Besatzung war diese Region etwa 150 Jahre lang dicht besiedelt. Dann fielen Barbaren ein, und es folgten tausend Jahre Düsternis, in denen Städte dem Erdboden gleichgemacht und Traditionen unterdrückt wurden. Nach einer kurzen Atempause besetzten die Türken im 14., 15. Jahrhundert die rumänischen Fürstentümer Walachei und Moldawien, während Transsilvanien der ungarischen Krone unterstand. Um 1599/1600 schließlich erwirkte Michael der Tapfere, Sohn eines Walachen und einer Griechin, nach verbissenen Kämpfen die – zeitweise – Unabhängigkeit seines Landes und erklärte Bukarest zu seiner Hauptstadt. Dies ist der Grund dafür, dass die stets in Auseinandersetzungen verwickelten Vertreter der rumänischen Unabhängigkeitsbewegung ihrem Nationalhelden im 19. Jahrhundert ein Denkmal setzten. Nach dem Ende der türkischen Vorherrschaft war Rumänien 150 Jahre lang Schauplatz wiederholter Konfrontationen zwischen Russen, Österreichern und Türken. Um sich vor der Bedrohung durch das russische Zarenreich zu schützen, verbündete sich das Land 1883 mit Kaiser Franz-Joseph von Österreich … Doch das ist eine andere Geschichte!

Rumänien, Donaudurchbruch am Eisernen Tor

Dieser unwirtliche Fluss, auf dem ein zwischen Felswänden eingekeilter Dampfer im Spielzeugformat seine Bahn zieht, dieser Fluss, dessen Bett mit Steinen übersät ist, dieser Fluss ist die Donau. Wer je in Wien oder Budapest einen Blick darauf geworfen hat, wird dies kaum glauben können. Hier fließt die Donau durch das Eiserne Tor, den Taldurchbruch in den Südkarpaten. Der Kazan, die engste und gefährlichste Stelle, bildet das letzte Hindernis, bevor man die Stadt Orşova und die walachische Tiefebene erreicht. Schon im 1. Jahrhundert n. Chr. weigerte sich der römische Kaiser Trajan, seine Schiffe in den Engpass zu schicken, und ließ eine Brücke errichten, um nach Dakien vorzudringen. Im 19. Jahrhundert unternahmen Ungarn, Serben und Rumänen mehrere Anläufe, die Passage schiffbar zu machen. Zwischen 1890 und 1896 wurde am rechten Donauufer ein Kanal gegraben; dafür musste die Felsbank Prigrada über zwei Kilometer abgetragen werden. Der Kanal von Sip wurde am 17. September von Kaiser Franz-Joseph, König Carol I. von Rumänien und König Alexander von Serbien eingeweiht. Trotz alledem blieb das Eiserne Tor für die Schifffahrt eine Herausforderung: Noch 1970 wurden donauaufwärts fahrende Kähne von einer Lokomotive gezogen. 1972 errichtete man eine Talsperre, die den riesigen Djerdapsee entstehen ließ.

Sinaia, Baumhaus des Kronprinzen

Dieses Baumhaus gehörte dem Prinzregenten Karl von Hohenzollern-Sigmaringen, dem späteren König Carol I. Am Ende des Parks von Schloss Peles gelegen, diente es dem Herrscher als heimliches Refugium, das er aufsuchte, wenn er sich, vom glanzvollen Hofleben gelangweilt, nach Ruhe sehnte. König Carol I., der die Natur liebte, hatte Sinaia, eine Kleinstadt in den südlichen Ausläufern der Karpaten, weit weg von dem verstaubten Bukarest, zu seiner Residenzstadt auserkoren. Von 1875 bis 1883 und von 1893 bis 1914 ließ er dort ein mit Türmen und Türmchen gespicktes Landschloss errichten, dessen grandiose Innenausstattung sowohl Einflüsse der deutschen Kunst des Mittelalters als auch der Renaissance und des spanisch-maurischen Stils erkennen lässt. Marmor, Gold, Stuck, Holzvertäfelungen, Fresken und Tapisserien aus Aubusson sind allgegenwärtig; es gibt einen Waffensaal und einen türkischen Rauchsalon. Auf Schloss Peles führten König Carol und Königin Elisabeth ein Leben, das relativ frei von Etikette war. Die Königin – Schriftstellerin, Frauenrechtlerin, Literatur- und Kunstliebhaberin, die unter dem Künstlernamen Carmen Sylva publizierte –, trug am liebsten die traditionelle rumänische Tracht. Sie spielte Klavier und gab musikalische und literarische Soireen, an denen etwa Pierre Loti und Sarah Bernhardt, die Komponisten Ignacy Jan Paderewski und Georges Enescu, der Geiger Pablo de Sarasate und der rumänische Dichter Vasile Alexandri teilnahmen.

J. BONIFAY

Türkei

Konstantinopel, Eminönü-Platz und Blaue Moschee

»Dieser Anblick ist von so eigenartiger Schönheit, dass man an seiner Wahrhaftigkeit zweifelt. Man könnte glauben, eine dieser Opernkulissen vor sich zu haben, die zur Bebilderung irgendeines orientalischen Märchenspiels dienen und es der Phantasie des Malers und dem Strahlen der Gaslichter verdanken, dass sie im unmöglichen Glanz der Apotheose baden«, schrieb Théophile Gautier 1853.

Ganz in der Nähe des Gewürzbasars, dessen durchdringende Düfte schon Nerval und Gautier berauscht hatten, am Ufer des Goldenen Horns, steht eine der wichtigsten Moscheen des heutigen Istanbuls, die Sultan-Ahmed-Moschee (Blaue Moschee). »Das Meer liegt ihr zu Füßen; ein Meer, das Tausende Schiffe und Kähne pausenlos durchpflügen und von dem ein babylonisches Stimmengewirr aufsteigt.« Hinter der Anlegestelle von Eminönü, wo wegen der zahllosen Boote kaum noch ein Fleckchen Wasser zu sehen ist, ragt die bildbeherrschende massige Silhouette der Blauen Moschee in den Himmel. Rechts sieht man einen Teil der Galata-Brücke, der Drehscheibe Konstantinopels, auf der täglich Tausende von Einheimischen das Goldene Horn überqueren.

Konstantinopel, rauchende Türken vor einem Kaffeehaus

Die osmanische Dichtung besang »vier Kissen der Freude«: Tabak, Kaffee, Opium und Wein. 1555 eröffneten die beiden syrischen Händler Hakim und Shams das erste Kaffeehaus in Konstantinopel und verdienten mit ihrem schwarzen Gebräu, das den Beinamen »Milch der Schachspieler und Denker« erhielt und nach einem Dichterwort »schwarz wie der Teufel, heiß wie die Hölle, rein wie ein Engel und süß wie die Liebe« zu sein hat, ein Vermögen. Seitdem englische Händler Tabak in die Türkei eingeführt hatten, galt dieser als natürlicher Begleiter des Kaffees. Jeder kam mit seinem Tabaksbeutel oder Tömbeki ins Kaffeehaus; die Şişa, also die Wasserpfeife, wurde gestellt. Bald gab es überall in Konstantinopel Kaffeehäuser, in denen man diskutierte und sich dem Müßiggang hingab. Maxime Du Camp hatte recht mit seiner Behauptung, dass »Türken an jedem erdenklichen Ort ihren *kief* machen, sprich, sich mit der Wasserpfeife in der einen und mit der Kaffeetasse in der anderen Hand ganz in Träumereien verlieren« (1848).

Konstantinopel, Brunnen und Straße in Scutari (rechts)

Das einstige Chrysopolis (die »goldene Stadt«), das im Mittelalter Scutari getauft wurde, lag auf der asiatischen Seite Konstantinopels im Süden des Bosporus und besaß eine Karawanenstation. Hier endeten die aus Anatolien kommenden Handelsstraßen, und hier begann der Pilgerzug nach Mekka. In der Mitte des Hakimiyeti-Milliye-Platzes bei der Anlegestelle (auch »Leiter von Scutari« genannt) steht ein bezaubernder, mit Arabesken und türkischen Inschriften geschmückter Barockbrunnen. Er wird beherrscht von der Süleymaniye-Moschee, die der Architekt Mirmar Sinan im Auftrag Sultan Süleymans des Prächtigen von 1550 bis 1557 für dessen Tochter Mihriman, die Gattin des Großwesirs Rüstem Pascha, erbaute.

Konstantinopel, vor einer Moschee

»Jedes Mal wenn ich eine Moschee betrat ..., traf ich einige Türken an, die auf den Teppichen kauerten oder lagen und mit sichtlicher Inbrunst und vollkommener geistiger Hingabe beteten«, schrieb Alphonse de Lamartine 1835. Die großen osmanischen Moscheen waren nicht nur Orte des Gebets. Als Bestandteile eines größeren Ensembles, der Külliye, die weitere Einrichtungen mit unterschiedlichen Funktionen enthielt – eine Koranschule, eine Bibliothek und eine Armenküche – erlangten die Moscheen eine über ihre religiöse Bedeutung hinausgehende gesellschaftliche und intellektuelle Dimension. Auf diesem Photo lässt sie sich an der Zahl von Gläubigen ermessen, die sich, in ihre Lektüre oder in lebhafte Diskussionen vertieft, in unmittelbarer Nähe des Gebetssaals niedergelassen haben.

Konstantinopel, Eingang zur Hagia Sophia (links)

Die Sogukçesme Sokagi – wörtlich übersetzt »Straße der kalten Quelle« – führt an der Umfassungsmauer der Hagia Sophia, die längst in eine Moschee umgewandelt ist, entlang auf einen der sieben Hügel Konstantinopels. Man betritt den Bezirk der Moschee durch das überdachte Tor, das auf dem Photo zu sehen ist. Alle Reiseführer empfehlen einen Spaziergang durch dieses bezaubernde Sträßchen, das traditionelle osmanische aus Holz gebaute Häuser säumen. Die Gebäude auf diesem Bild sind alle nach demselben Schema erbaut: Hinter dem Erker verbirgt sich der wichtigste Wohnraum, die *basoda.* Bei manchen Häusern schmückt eine mit großen Glaswänden verschlossene Galerie *(hayat)* die bemalte Fassade.

Spanien

Sevilla, Andalusier

Lederjacke, Samtweste, an der Seite offene Gamaschen, ein Hut mit flacher Krempe und ein Gürtel aus roter Seide – so kleidet sich der andalusische Reitersmann. Wahrscheinlich spielte sich diese Szene in Alcalá de Guadaíra, auch Alcalá de los panaderos (Alcalá der Bäcker) genannt, ab, wo die *novilladas* – Stierkämpfe mit Jungstieren *(novillos)* – stattfanden. Dazu fanden sich auch *aficionados* aus Sevilla ein, wenn die Arenen dort geschlossen hatten, berichtet Théophile Gautier in *Reise in Andalusien* (1843). Leicht erhöhte, sandige Uferwege lassen den Guadalquivir erahnen, der jenseits dieses Bildausschnitts an Sevilla vorbeifließt. Links im Hintergrund ist der Glockenturm der Kathedrale von Sevilla zu sehen, die Giralda – einst das Minarett der großen Moschee –, die sich in einen vor Hitze flirrenden Himmel bohrt und die – um mit Gautier zu sprechen – aus der Ferne in Tönen von »Amethyst und Aventurin« schimmert, »die sich mit der Architektur des trostlosen Klimas unserer nördlichen Breiten nicht vertragen. Die Statue mit der Darstellung des Glaubens auf der Spitze schillerte wie eine goldene Biene am Ende eines hohen Halms.«

Der Strand von San Sebastián

»Ein Vorgebirge rechts, ein Vorgebirge links, zwei Golfe; ein Isthmus in der Mitte, ein Gebirge im Meer; am Fuß des Gebirges eine Stadt … Ein Sandstrand. Dort löschen die mit Eisenerz beladenen Schiffe ihre Last auf Ochsenkarren.« Victor Hugo entdeckte San Sebastián im Juli 1843. Er beschrieb die vom Bürgerkrieg zerstörte Region, in der man »als Baske geboren wird, baskisch spricht, als Baske lebt und als Baske stirbt«, als ein Land der Dichter und Schmuggler. In der Folgezeit veränderte sich San Sebastián sehr. Die Sommerfrischlerinnen der Belle Époque haben ihre Mantilla gegen Strohhüte oder Sonnenschirme ausgetauscht. Die kühnsten Urlauber stellten ihre rollenden Kabinen bei Flut direkt am Ufer ab, um baden zu gehen, denn bei Ebbe lag die Bucht zur Hälfte trocken.

Barcelona, Restaurant auf dem Tibidabo

»An einem Schalter kaufte ich eine Fahrkarte zur Haltestelle Tibidabo … Ich lehnte den Kopf mit halb geschlossenen Augen an die Fensterscheibe, während die Bahn durch die dunklen Eingeweide der Stadt zum Fuß des Tibidabo hinauffuhr.« So schildert der 1964 in Barcelona geborene Schrifsteller Carlos Ruis Zafón in seinem Roman *Der Schatten des Windes* eine Fahrt auf den Tibidabo, den Hausberg Barcelonas. »Als ich wieder auf die Straße trat, glaubte ich, ein anderes Barcelona zu entdecken. Es dämmerte, und ein Purpurstreifen teilte die Wolken und färbte die Fassaden der kleinen Paläste und herrschaftlichen Häuser beiderseits der Avenida del Tibidabo.« Der Vergnügungspark auf dem Berggipfel wurde bereits zu Beginn des 20. Jahrhunderts angelegt. Der aus Barcelona stammende Apotheker Salvador Andreu finanzierte die Anlage, die 1901 zusammen mit einer Standseilbahn eröffnet wurde. Aus dieser Zeit stammt auch das Photo.

Madrid, Real Armería (Königliche Waffenkammer)

Mit der Zusammenstellung der königlichen Waffensammlung begann Kaiser Karl V.; sein Sohn Philipp II. ließ sie in der zweiten Hälfte des 16. Jahrhunderts in den Palacio Real bringen, nachdem er sich für Madrid als Hauptstadt entschieden hatte. Théophile Gautier, der den Palacio Real 1846 besichtigte, kam zu dem Schluss, dass »die Armería nicht dem entspricht, was man sich darunter vorstellt«, denn die ausgestellten Waffen seien nur selten vollständig erhalten und bildeten ein ziemlich bunt zusammengewürfeltes Sammelsurium. So bemängelte Gautier zum Beispiel, dass »die Helme einer früheren und späteren Epoche auf stilistisch unpassenden Harnischen sitzen«. Während ihm der Wagen, den man ihm als Gefährt Johannas der Wahnsinnigen, der Mutter Karls V., präsentierte, zu neu erschien, um überzeugend zu sein, kam ihm »Karls Kutsche mit ihren Lederkissen und -vorhängen« ziemlich glaubwürdig vor. Auch monierte er die ihm zu gering erscheinende Anzahl maurischer Waffen – »zwei oder drei Schilde, ein paar Krummsäbel, das ist alles« –, betrachtete aber neugierig »die bestickten, mit Gold und Silber übersäten Sättel voll bizarr geformter Stahlplättchen«.

Stierkampf

Der erste Reiter, der sich im 11. Jahrhundert in die Arena wagte, um hoch zu Ross gegen einen Stier zu kämpfen, war zweifellos Don Rodrigo Díaz de Bivar, besser bekannt als El Cid Campeador. Stierkämpfe fanden nur bei seltenen Gelegenheiten statt, »wenn Könige heirateten, ein Friedensvertrag unterzeichnet oder eine Kirche zur Kathedrale geweiht wurde … Die in glänzende Seide gehüllten Herren ritten auf ihren Schlachtrössern in die Arena und stachen mit Lanzen auf das Tier ein … unter den Augen der Damen. Wenn es dem Stier gelang, sie aus dem Sattel zu werfen, zogen sie den Degen und streckten ihn mit Unterstützung ihrer Lakaien nieder, indem sie aufs Geratewohl auf ihn einstachen … Bei volkstümlicheren Festen stiegen die Menschen in großer Zahl in die Arena hinab und attackierten das Tier scharenweise mit dem Dolch, bis es verendete.« So schildert der fiktive Doktor Ruiz in Vicente Blasco Ibáñez' *Blutige Arena* (1908) den Stierkampf, der für ihn, einen wahren *aficionado,* einer »Jagd auf wilde Tiere« gleichkam. »Ansonsten hatte das Volk noch andere Zerstreuungen, und man verspürte nicht das Bedürfnis, dieses Amüsement zu perfektionieren … Die Autodafés, bei denen man Menschen verbrannte, waren viel interessanter als diese Spiele, bei denen bloß Tiere getötet wurden.« Bloß Tiere: aufgeschlitzte Pferde und Stiere (bis zu sechs pro Tag), die in dem von der roten *barrera* umschlossenen Rund unter dem erbitterten Geschrei des Publikums erstochen wurden. Tiere und Matadore (espadas). »Armer Stier! Armer *espada!* … Drei Stiere waren noch zu töten … Und die Signalhörner ertönten …, und der Eintritt des Tieres in den *redondel* wurde mit Freudenschreien begrüßt.«

Feria in Sevilla

Elegante Gespanne strömen auf das Festgelände, die Herren wie aus dem Ei gepellt, die Sevillanerinnen »nach der Pariser Mode« gekleidet, im Damensitz auf stolzen Andalusiern reitend. Bunte Farben, ausgelassene Stimmung, eine Sonne, die alles zum Funkeln bringt, kurz: ein Fest, wie es schöner nicht sein könnte, das ist die Feria von Sevilla (hier um 1900 aufgenommen). »Nichts ist so anregend wie ein flüchtiger Blick auf die Feria von Sevilla«, schrieb Charles Duvillier, der 1862 mit Gustave Doré eine Reise nach Spanien unternahm. »Hier ein *gitano,* der einem Pferd, das er gleich verkaufen wird, das Maul öffnet oder die Gestalt eines Esels oder Maultieres lobt; etwas weiter ein *majo,* der anstelle eines Teppichs seinen Umhang ausbreitet, davor eine *maja* mit einem Sombrero calañés, die auf einem andalusisches Pferd reitet; ein Bengel, der eine Zigarette raucht, oder eine *gitana,* die die Zukunft voraussagt; außerdem Ochsen, Schafe, farbenprächtig bemalte *calesas.* Kleine, aus Brettern und Stoff zusammengezimmerte Hütten mit eckigem Dach erstrecken sich in langen Reihen von einem Ende der Feria bis zum anderen und bieten die unterschiedlichsten Waren feil; *botillerías,* die Liköre und eisgekühlte Getränke verkaufen, gibt es in großer Zahl.«

Kathedrale von Sevilla, Puerta del Perdon (rechts)

Der Glockenturm der Kathedrale von Sevilla, die Giralda, ist eigentlich das Minarett einer ehemaligen, um 1000 erbauten Moschee. Am Nordeingang gelangt man durch die maurische, mit Heiligenstatuen geschmückte Puerta del Perdon in den Patio de Los Naranjos (Orangenhof).

Der Alcázar (folgende Doppelseite)

Dies ist einer der Eingänge zum Patio de las Doncellas (Jungfrauenhof) im Alcázar von Sevilla. Die bemalte, vergoldete Pforte flankieren weiße Marmorsäulen. Kacheln und Arabesken dienen als Schmuck.

PALOMO RU

Granada, Zigeunerhütten

Im maurischen Spanien waren Zigeuner gut gelitten. Das änderte sich schlagartig, als der erzkatholische Ferdinand II., König von Aragón (1474–1516) Isabella von Kastilien heiratete und mit ihr über ganz Spanien herrschte. Er begründete auch die spanische Inquisition. 1499 begannen die Verfolgungen, und Nichtsesshafte wurden für vogelfrei erklärt. Die Zigeuner verließen die Städte, um in Hügeln und Höhlen Zuflucht zu suchen. Granadas Zigeunerviertel liegt am Albaicín und zieht sich den Weg hinauf, der zu den Grabkammern des Klosters Monte Sagrado führt. Dort lebten die Familien in *cuevas,* Höhlenwohnungen, die sie unter dem Wurzelwerk gigantischer Grünpflanzen in den Kalkfelsen gruben. Zur Sesshaftigkeit gezwungen, wurden die Zigeuner Hufschmiede, Maultierscherer, Pferdehändler. »Sie besitzen tausend Mittel, um den dämpfigsten und lahmsten Tieren Feuer und Kraft zu verleihen«, schrieb Théophile Gautier. »Ein Zigeuner hätte Rosinante zum Galoppieren und Sanchos Grauchen zum Tanzen gebracht.« Die *gitanas* hingegen arbeiteten als Wahrsagerinnen und Flamencotänzerinnen oder verkauften Kastagnetten und Jasmin vor den Toren der Alhambra – und tapezierten die Mauern ihrer *cuevas* mit Bildern der Jungfrau Maria und mit glitzerndem Kupfergeschirr.

Granada, Arkadengang im Generalife (links)

Eine viertel Stunde Fußmarsch von der Alhambra entfernt, liegt der Generalife, die ehemalige Sommerresidenz der Sultane von Granada. Die Terrasse mit Arkadengang, dessen Arabesken hastig mit Kalkmilch übertüncht wurden, besitzt den verwitterten Charme von Rückzugsorten, die mehr und mehr in Vergessenheit geraten. Die Architektur dieses ländlichen Pavillons ist raffiniert, aber nicht protzig; das eigentliche Wunderwerk des Generalife ist nach wie vor seine unglaublich schöne Gartenanlage mit Wasserspielen von »prächtiger, herber, geradezu aufdringlicher Frische …«.

Málaga, Fischer beim Mittagsmahl

Der helle Sand ist fein wie Staub, brütende Hitze liegt in der Luft, die malvenfarbenen Berge wirken wie abgeschliffen, und das indigoblaue Mittelmeer liegt da wie ein See. Am Strand von Málaga beendet eine Gruppe Fischer ihr Mittagsmahl, während andere im Schatten des großen Bootes bereits Siesta machen. Alle Spanier kennen die folgenden Verse von Federico García Lorca, der seine Heimat Andalusien immer wieder besang:

¡ Ay muchacha, muchacha / Cuánto barco en el puerto de Málaga!

Ah, Mädchen, Mädchen / Wie viele Boote im Hafen von Málaga!

Der Felsen von Gibraltar

Diese ausgefahrene Piste benutzten Reisende, um von Spanien nach Gibraltar zu gelangen, wenn sie die gesundheitspolizeiliche Kontrolle der Briten hinter sich hatten. Auf dem Rücken eines Esels ließ sich diese Strecke zweifellos angenehmer bewältigen als in einer Kutsche! Gibraltar, unsere letzte Station auf spanischem Boden, gehört genau genommen zu England. Der Ort Gibraltar wird von dem wie ein Bollwerk wirkenden Felsen gegenüber der afrikanischen Küste geradezu erdrückt. Die Straße von Gibraltar, die einzige Verbindung zwischen Atlantik und Mittelmeer, ist so eng, dass die Schiffspassagiere bei klarem Wetter das Cap Spartel und die Bucht von Tanger mit bloßem Auge deutlich sehen können. Gibraltar, das zu Andalusien, zum Maurenreich, zu Kastilien und Spanien gehörte und sich seit dem Vertrag von Utrecht im Jahr 1713 im Besitz der englischen Krone befindet, ist ein unglaublicher Schmelztiegel, den heute Einheimische wie Menschen britischer, marokkanischer, spanischer, portugiesischer, maltesischer, italienischer, indischer und pakistanischer Herkunft bevölkern. Obwohl Englisch die offizielle Amtssprache ist, drücken sich die Einwohner Gibraltars auf Spanglish beziehungsweise Llanito aus – eine Mischung aus Andalusisch und Englisch. Eine dritte Gruppe spricht marokkanisches Arabisch. Spanisch kommt in der Rangfolge der gesprochenen Sprachen erst an vierter Stelle.

Portugal

Porto, Ribeira-Kai

Das in kühlen Farben gehaltene, um 1890 entstandene Photo vom Hafen Portos ist hie und da mit weißen Tupfern durchsetzt. Ein großer Metallbogen ragt in den azurblauen Himmel, und im Vordergrund herrscht geschäftiges Treiben: An der Ribeira, dem Flussufer, am Fuß der grauen Granittreppe, haben gerade die großen *barcos rabelos* angelegt, Boote mit viereckigen Segeln, die auf dem Douro verkehrten. Oberhalb der Treppe wurde unter freiem Himmel Markt abgehalten. Seinerzeit verkaufte man vor allem Fisch – Sardinen und Kabeljau –, der von den Booten gebracht und, wie hier zu sehen, von Männern und Frauen abgeladen wurde. Eigentlich waren die *barcos rabelos* jedoch gar keine Fischerboote. Vielmehr dienten sie seit dem 18. Jahrhundert zum Transport von Portwein, der auf den *quintas* (Weingütern) des Douro-Tales hergestellt wurde und in den Weinkellern von Vila Nova de Gaia – am rechten Bildrand zu sehen – reifte.
1881 wurde zwischen Vila Nova de Gaia und Porto mit dem Bau der beeindruckenden Dom-Luís-Brücke begonnen, die die ehemalige, stets hochwassergefährdete Schiffsbrücke ersetzen sollte. Die Pläne dafür entwarf der belgische Ingenieur Théophile Seyrig, ein Schüler Gustave Eiffels, der wiederum für die Eisenbahnbrücke Maria Pia – die erste Brücke Portos – verantwortlich zeichnete. Die Ponte Dom Luís wurde 1886 von König Ludwig I. (Dom Luís I.) eingeweiht und gilt als Markenzeichen Portos.

Lissabon, der Turm von Belém

Auf Befehl König Manuels I. errichtete der Militärbaumeister Francisco da Arruda etwa zwischen 1515 und 1520 auf einer Insel des Tejo die Torre de São Vicente de Belém, um Lissabons Hafenzufahrt überwachen zu können – und so lautet der Spitzname des Turmes »Bollwerk des Ozeans«. Doch die Flutwelle, die das katastrophale Erdbeben vom 1. November 1755 mit sich brachte – es legte 85 Prozent der Stadt in Schutt und Asche –, führte zur Versandung des Küstenstreifens. Der wundersamerweise verschont gebliebene Turm, der in gewisser Weise zum »Bollwerk eines Sandmeeres« geworden war, hatte von einem Tag auf den anderen seine strategisch günstige Lage eingebüßt – und damit auch seinen Daseinsgrund. Als der französische Admiral Roussin 1831 mit seiner Flotte vor Lissabon lag und den Turm beschießen ließ, vermochte niemand ihn daran zu hindern, die enge Hafenzufahrt zu passieren und in den Hafen einzulaufen. In den folgenden Jahrzehnten – bis zum Ende der Kolonialzeit – diente der Turm von Belém als Gefängnis und anschließend als Zollkontrollpunkt. Dieses Photo wurde um 1900 aufgenommen. Der Kolonialsoldat, der an seinem Kepi mit langem weißem Nackenschutz gut als solcher zu erkennen ist, wartet vermutlich auf ein Schiff, das ihn nach Übersee bringt, damit er irgendwo am anderen Ende der Welt seine militärische Mission erfüllen kann.

Lissabon, Fischer am Hafen

Am Hafen von Lissabon warten Fischhändlerinnen aus der Altstadt, auf ihren Körben sitzend, auf die Ankunft der Fischerboote. Sobald sie da sind, kann die Versteigerung beginnen. Unter den Frauen befinden sich viele *varinas* (Fischverkäuferinnen) aus der Alfama, die, schwere Körbe voll silberner Fische auf dem Kopf tragend, unermüdlich durch die gepflasterten Sträßchen dieses volkstümlichen Viertels liefen. Gegrillte Sardinen sind seit jeher eine kulinarische Spezialität Portugals. Das Ersteigern von Fischen will gelernt sein, und diese Frauen verstehen sich auf ihr Metier. Hören wir, was Monsieur D., ein Gastwirt aus Cascais, zu erzählen hat: »Das ist mein erster Tag. Ich bin da, und ich schaue. Wenn der Verkauf beginnt, ist das Durcheinander komplett. Man versteht nichts, so schnell kommen die Gebote. Die Alten … machen sich mit Gesten verständlich: 1000, 2000 Escudos, die Finger werden hochgehalten; ein abgewinkelter Daumen, und man ist bei der Hälfte. Ich habe nichts gekauft; ich habe nichts verstanden. Am dritten Tag fragt mich eine Alte: Du, willst du Fisch kaufen? … Dann erklärt sie mir die Zeichensprache. Ich versuche mein Glück. Ich kaufe. Voller Stolz betrachte ich meinen ersten Korb Seezungen. – Nein, erwidert sie, du hast dich reinlegen lassen wie eine kleine Sardine. Du musst lernen, genau hinzusehen. Was du da gekauft hast, sind keine Seezungen!«

Italien

Venedig, Vollmond über dem Canal Grande

»Doch wollte ich Dich heute etwas von Venedig unterhalten«, schrieb Richard Wagner 1858 an seine Frau Minna. »Am besten werden das die Bilder thun. Ich lege die Hauptansichten colorirt bei, wenngleich sie gerade keine Kunstwerke sind; allein bei Venedig thut eben das lebendige Colorit so viel, dass man wirklich nach blossen schwarzen Umrissen sich keinen rechten Begriff davon machen kann.« Besser kann man es kaum auf den Punkt bringen. »Wie diese Rosatöne des Dogenpalastes schildern, der so lebendig erscheint wie Fleisch, diese schneeweiß schimmernden Statuen, deren anmutige Kurven sich vor einem an Veronese oder Tizian erinnernden Azur abzeichnen, diese Rotnuancen des von der Sonne liebkosten Campanile, dieses Aufblitzen einer Vergoldung in weiter Ferne, diese tausend Gesichter des Meeres, das bald klar ist, bald von Pailletten übersät wie der Rock einer Tänzerin? Wer wird diese nebelhafte, schimmernde, von Licht und Dämpfen gesättigte Atmosphäre malen, in der Sonne und Wolken einander nicht ausschließen?«, fragte sich auch Théophile Gautier, als er 1850 nach Venedig kam. Wer dieses herrliche Photo vom Canal Grande betrachtet, der in wunderbar helles Mondlicht getaucht ist, sollte es in der Seelenstimmung eines Dichters tun. Die Aufnahme entstand um 1900 und wäre fünfzig Jahre früher so nicht möglich gewesen.

Comer See, Varenna

Der Comer See – bedrückend? »Gar zu schön und glänzend«, meinte Hermann Hesse und fuhr fort: »Dennoch zog und bestrickte mich die satte Schönheit auch diesmal wieder stark, die Felsenromantik steilhängender Dörfer, der selbstbewusste Ernst aristokratischer Villen mit Garten, Park und Bootshafen, die gesellige Nachbarlichkeit der Landgüter und Bauten.« Hesse war wie verzaubert, die grasbewachsenen Wege zwischen hohen Zypressen, die grün überwachsenen Mauern großer Gärten, ein grauer, verwitterter Glockenturm, die Stille und Kühle des Orts – das alles erschien ihm »märchenhaft verschlafen«.

Ein Bauer schleppt ein schweres Bündel Reisig den Weg entlang, der zu der hier abgebildeten Villa in Varenna führt. Große Zypressen tauchen die ruhigen, kühlen, sich zum See hinunterziehenden Terrassen in Schatten. »Die Berge jenseits sind von einem traumhaften purpurnen Dunst verhüllt«, schrieb Mark Twain, »und hier verleiht die Entfernung der Landschaft wirklich einen Zauber – denn auf dieser breiten Leinwand haben Sonne und Wolken und die klarste Luft tausend Farbtöne verschmelzen lassen, und über ihre Oberfläche gleiten Stunde um Stunde hauchzarte Lichter und Schatten und verklären sie mit einer Schönheit, die der Himmel selbst herabzustrahlen scheint.«

Lago Maggiore, Isola Bella

Ende des 17. Jahrhunderts ließen die Borromei, ein Mailänder Adelsgeschlecht, auf der Isola Bella ein Schloss erbauen und die einzigartigen Gärten anlegen. Die von einem Park gekrönten Terrassen der Insel – die Alexandre Dumas als »die merkwürdigste« der Borromäischen Inseln bezeichnete –, thronen majestätisch im Lago Maggiore. »Dort ist alles gestutzt, aus Marmor oder Bronze, ganz nach dem Geschmack Ludwigs XIV.«, fuhr Dumas fort. »Ein ganzer Wald aus herrlichen Bäumen, ein Wald aus Pappeln und Kiefern, diesen sanft säuselnden Riesen, die beim geringsten Windhauch zu murmeln beginnen … Alle Terrassen bestehen aus Beeten, die ein je eigener, aber stets von Orangenbaumduft durchdrungener Duft erfüllt und die mit Göttern und Göttinnen bevölkert sind … Ein wahrhaft königliches Anwesen, reich an kühlen Plätzen, Pflanzen und Wasser.« Seit Napoleon, der hier mit seiner Frau Joséphine zwei Nächte verbrachte, reißt der Besucherstrom nicht mehr ab.

Mailand, Corso Vittorio Emanuele

»Wir beginnen zu begreifen, wozu das Leben da ist«, schrieb Mark Twain nach einem Aufenthalt in Mailand (1867), dessen Rhythmus er mit dem amerikanischer Städte verglich: »Eine Zeitlang [gingen wir] in einer der belebtesten Straßen auf und ab, freuten uns an der Geruhsamkeit der anderen Leute und wünschten, wir könnten etwas davon in unsere rastlosen, drängenden, an der Lebenskraft zehrenden Märkte zu Hause exportieren.« Diese Aufnahme vom Corso Vittorio Emanuele II aus dem Jahr 1900 verströmt noch etwas von dem Flair, das Mark Twain gut dreißig Jahre früher gespürt hatte. Die durch hohe Fassaden verschattete, in ein mildes Licht getauchte Straße, die Passanten, die sich mitten auf dem Corso zu einem friedlichen Schwatz zusammengefunden haben, die kleinen Läden, die hinter ihren Markisen die Mittagshitze verschlafen, all dies verschmilzt zu einer ruhigen Szenerie. Der Blick folgt wie von selbst der geschwungenen Linie der bunten Markisen auf der linken Seite – und plötzlich wird alles weiß, unwirklich: Der mythisch anmutende Dom taucht auf, von einem fahlen rosa Glorienschein auf himmelblauem Grund umgeben.

Gardasee, Wasserträgerin (links)

»Gegen Mitternacht begleitete mich mein Wirt an die Barke ..., und so schied ich mit günstigem Wind von dem Ufer«, berichtet Goethe in seiner *Italienischen Reise*. »Da, wo an der Abendseite das Gebirge aufhört, steil zu sein, und die Landschaft flacher nach dem See fällt, liegen in einer Reihe ... Gargnano, Boiacco, Cecina, Toscolan, Maderno, Verdom, Saló ... Keine Worte drücken die Anmut dieser so reich bewohnten Gegend aus.«

Der Gardasee, der größte und östlichste der oberitalienischen Seen, ist für seine spektakulären Sonnenuntergänge berühmt. Dieser Sonnenuntergang wirkt dank der Effekte des Photochromverfahrens geradezu hyperreal. Ein elegant gekleideter Fischer betrachtet, in einem Boot mit gelbem Segel stehend, die graziöse Wasserträgerin am Ufer, die eine biegsame Stange mit zwei Eimern über der Schulter trägt, während sein Begleiter, der hinten im Boot sitzt, auf die Abfahrt wartet – eine regelrechte Operettenkulisse. Bekanntlich war die Operette zu Beginn des 20. Jahrhunderts sehr en vogue.

Venedig, Rio di San Trovaso

»Die Luft war still und riechend, schwer brannte die Sonne durch den Dunst, der den Himmel schiefrig färbte. Wasser schlug glucksend gegen Holz und Stein«, schreibt Thomas Mann in *Der Tod in Venedig*. »Der Ruf des Gondoliers, halb Warnung, halb Gruß, ward fernher aus der Stille des Labyrinths nach sonderbarer Übereinkunft beantwortet.« Am Rio di San Trovaso gab es einst zahlreiche Gondelwerften; einige wenige haben bis heute überlebt. Als Thomas Manns Erzählung *Der Tod in Venedig* – wie auch diese Aufnahme – entstand, verkehrten in Venedig noch 10 000 Gondeln (heute sind es nur noch 350). Die Werkstatt, die hier zu sehen ist, befindet sich direkt hinter der Kirche San Trovaso, die nach einem Brand im Jahr 1590 wiederaufgebaut wurde.

Canal San Cristoforo (rechts)

Wenden wir uns zunächst der Kulisse dieser Szene zu: ein gotischer, von Pflanzen umrankter Palazzo, eine Brücke aus rosafarbenen Backsteinen, eine weiße, zum grünen Wasser des schmalen Kanals hinabführende Treppe, auf der das Licht spielt. Fügen wir die Personen hinzu: eine Gruppe adrett gekleideter Kinder auf den schimmernden Stufen; ein Gondoliere in schwarzer Kluft und seine verführerische Passagierin, ein Farbfleck auf dunklem Schatten; und direkt dahinter, fast in der Bildmitte, ein junger Mann von romantischem Erscheinungsbild, der direkt in die Kamera blickt. »Der Adel ist noch im Zustand des Verfalls schön«, schrieb der französische Philosoph Hippolyte Taine. »Dieses Privileg bewahrt … ihn vor Bitterkeit und Vulgarität.«

Der Hafen von Triest

Um 1900 gehörte Triest zu Österreich; und so blieb es bis zum Ende des Ersten Weltkriegs. »Diese Stadt, in der man venezianischen Dialekt spricht, und dieses Land, in dem man einen slawischen Dialekt spricht, unterstehen einer untadeligen österreichischen Bürokratie, die die deutsche Sprache pflegt. Eine Welt … der Aristokraten, die blonde Mädchen der Obhut von Gouvernanten anvertrauen, Bösendorfer Pianos, Alt-Wiener Porzellan, Biedermeiermöbel besitzen …«, schrieb der Schriftsteller Roberto Bazlen, der 1902 in Triest geboren wurde, in einem Essay über seine Heimatstadt. Mit seinem riesigen Güter- und Passagierhafen und seinen zahlreichen Import-Export-Gesellschaften gehörte Triest zu den florierendsten Städten der österreichisch-ungarischen Monarchie. Der französische Romantiker Charles Nodier dagegen betonte den melancholischen Charakter der Triester: »Triests trübsinnige Lage hat etwas Trostloses, das das Herz bedrückt«, schrieb er. »Triests Einwohner, die sich in ihren Visionen weit weg träumen, brauchen eine offene und unendliche Perspektive wie die Hoffnung. Auf der Spitze des Kaps stehend, das Fernrohr fest auf den Horizont gerichtet, halten sie als Erstes Ausschau nach einem Segel …«

Südtirol, Delago-, Stabeler- und Winklerturm (Vajolet-Türme) (rechts)

Diese seltsamen Felsen»türme« gehören zum Rosengarten-Massiv in den Südtiroler Dolomiten. In unmittelbarer Nachbarschaft liegt das Dorf Tiers, das wiederum nicht weit von Bozen entfernt ist. Der höchste Gipfel, der Delagoturm (2790 Meter) verdankt seinen Namen dem Österreicher Hermann Delago, der ihn 1895 im Alleingang bestieg. Am Fuße der »Türme« ließ der vom Bergsteigen begeisterte belgische König Albert I. gegen Ende seines Lebens eine Hütte errichten, die seinen Namen trägt. Seit 1879 ist die Rosengarten-Gruppe eine Hochburg der Alpinisten. Der Legende nach soll der Zwergenkönig Laurin sich dort ein Schloss mit einem Garten voller Rosen errichtet haben, in dem er das von seinem Volk aus dem Berg gebrochene Gold, Silber und Kristall versteckte. König Laurin war reich und mächtig, doch ihm fehlte eine Frau. Als er es nicht mehr aushielt, entführte er Simhilde, die Tochter des Fürsten von Bozen, die dem kühnen Ritter Dietrich von Bern versprochen war. Doch Dietrich gelang es, Laurin seiner magischen Kräfte zu berauben und seine Liebste zu befreien. Das Rot, in dem der Turm erstrahlt, soll von den Rosen stammen, die Laurin auf der Flucht hinter sich habe fallen lassen.

Florenz, der Dom, vom Palazzo Vecchio aus gesehen

»Jenseits aller politischen Besessenheit und unberührbar von ihr«, schrieb Stefan Zweig 1932, »leuchten mit ewigen Blicken die weißen Dome, die zärtlich geschwungenen Hügel Toskanas, wie seit Hunderten Jahren, kühl und farbig belebt die Schatzkammern der Bilder, gekelterte Seelenfreude …« Hier sieht man vor allem die braunen Dächer von Florenz, die Reisende so oft besungen haben, sowie die Domkuppel, vor der, so die Brüder Goncourt 1855/1856, »glitzernder Staub aufwirbelt, in dem eine fahle Sonne sich spiegelt«. Diese vom viereckigen Turm des Palazzo Vecchio aus aufgenommene Ansicht zeigt das historische Zentrum von Florenz, anders als in den Boboli-Gärten oder in San Miniato angefertigte Aufnahmen, aus einer eher ungewöhnlichen Perspektive. Mit ihrer Kulisse aus grünen Hügeln im Hintergrund bringt dieses Photochrom die Farben der toskanischen Hauptstadt perfekt zum Ausdruck – einer Stadt, in der man »den Duft von Zedern [atmet], aus denen das Tragwerk der Paläste gefertigt ist und die« – für Lamartine etwas sehr Bewegendes – »die Straßen mit ihrem Duft erfüllen … Ich ging in der Stadt der großen Erinnerungen schlafen und wachte wieder auf«, schloss er, »das war genug für einen jungen Mann, der nur von der Phantasie lebte.«

Der schiefe Turm von Pisa (links)

»Wer vermöchte je den tief ergreifenden traurigen Zauber gewisser fast gestorbener Städte zu erklären?«, fragte sich Maupassant, als er auf seiner Italienreise 1889 nach Pisa kam. Tatsächlich scheint der berühmte schiefe Turm mit seinen umlaufenden Marmorgalerien, der neben dem Dom auf der »Wiese der Wunder«, wie Gabriele d'Annunzio diesen Ort nannte, steht, fast der Verwahrlosung anheimgefallen. Und um weiter mit Maupassant zu sprechen: »Wenn man zu diesem verlassenen, verwilderten Gelände kommt, das von alten Mauern eingegrenzt wird …, dann ist man starr vor Staunen und verwirrt vor Bewunderung … Hinter der Kathedrale erhebt sich der ewig wie kurz vor dem Umfallen geneigte Turm und irritiert höhnisch unser innerstes Gefühl für Gleichgewicht.« Louise Colet, die den Turm 1860 bestieg, brachte »den Schwindel, der Sie erfasst, je weiter Sie unter diesen Arkaden einherschreiten und das vom Licht eines Sommertages geblendete Auge den riesigen Horizont ringsum erfasst«, vollendet zum Ausdruck. Ein Schwindel, dessen kaum jemand überdrüssig wird, denkt man an die heutigen Besucherströme.

Rom, Piazza della Minerva (mit Pantheon)

Auf der Piazza della Minerva hinter dem Pantheon, dem »Tempel aller Götter«, den die Römer gerne »La Rotonda« nennen, haben Kutscher zu beiden Seiten des Obelisken ihre Gespanne geparkt und warten auf das Ende der Messe oder der Besichtigung von Santa Maria sopra Minerva. Die Kirche, deren Westfassade sich auf der rechten Seite des Photochroms anschließen würde, beherbergt die Reliquien der heiligen Katharina von Siena und das Grab des Malers Fra Angelico. Der ägyptische Obelisk, den der hübsche Elefant von Bernini (17. Jahrhundert) auf dem Rücken trägt, stammt aus dem 6. Jahrhundert v. Chr. Der Historiker und Politiker Edgar Quinet hatte schon recht, als er 1832 schrieb: »Rom gibt es dreifach: das Rom der Antike, das Rom des Mittelalters und das Rom der Renaissance«, und das »römische Wunder« besteht in der Tatsache, dass diese drei Städte nebeneinander bestehen und zugleich ineinander übergehen. Davon zeugt auch dieses Photo: In einem Umkreis von wenigen Metern finden sich ein ägyptischer Obelisk, eine Kuppel aus der römischen Antike und eine italienische Barockskulptur. Das ist heute nicht anders als um 1900.

Rom, Forum Romanum mit Trajanssäule (rechts)

»Am Tag vor dem Petrusfest bin ich ununterbrochen gelaufen. Ich habe bereits das Kolosseum gesehen, das Pantheon, die Trajanssäule, die Engelsburg, St. Peter, was weiß ich. … Während ich oben auf dem Vatikan ein Feuer bestaunen sollte, sah ich mir an, wie das Mondlicht auf dem Tiber, auf den römischen Häusern, auf diesen überall hinsinkenden Ruinen spielte.« Diese Zeilen von Chateaubriand vermitteln einen Eindruck davon, wie strapaziös Rom ist, diese riesige Stadt voller Architekturschätze, in der man sich am Ende nur noch nach Beschaulichkeit und Erholung in der Natur sehnt. Dieses Bild vom Trajansforum (107–113) soll den Abschluss unserer kurzen Reise durch die Geschichte der italienischen Hauptstadt bilden. Es wird beherrscht von der gleichnamigen Säule, die zu Ehren des Kaisers errichtet und 113 geweiht wurde, um seines Sieges über die Daker zu gedenken. Dahinter ist die Barockkirche SS. Nome di Maria zu sehen, die im 18. Jahrhundert nach Plänen Antoine Derizets erbaut wurde; daneben steht S. Maria di Loreto – in diesem Bildausschnitt nicht erfasst. Die Kuppeln beider Kirchen sind fast identisch. Die Kuppel von S. Maria di Loreto wurde im 16. Jahrhundert von einem Schüler Michelangelos entworfen.

VIA
CASANOVA

Palermo, Monte Pellegrino

Ein irisierendes Meer, das kein Windhauch kräuselt – ein »grellblauer Fleck, der so nahe erscheint, als wäre die Stadt hineingetaucht«, so beschrieb Maupassant die Szenerie. Kähne, Felsen und zwei Personen auf einer Landzunge, daraus setzt sich diese Ansicht von Palermo zusammen, die die hügelige Silhouette des Monte Pellegrino abschließt; von Palermo, dessen Hafen, von Terrassen, Wein- und Obstgärten, Pistazien- und Olivenhainen flankiert, geschützt hinter dem Kap liegt.

Neapel, Santa Lucia und Via Casanove (links und vorausgehende Doppelseite)

Es versteht sich von selbst, dass ein Besuch in Neapel sich anders gestaltet als die Besichtigung von Rom oder Florenz. Neapel heißt, sich ins Abenteuer zu stürzen, auf Entdeckungsreise zu gehen, ausgetretene Pfade zu verlassen. Neapel gibt sich denjenigen hin, die leichten Sinnes und leichten Herzens kommen. »Was gibt es nicht alles zu entdecken, Überraschendes auszukosten, wenn man aufs Geratewohl durch Neapels Straßen und Sträßchen flaniert!«, begeisterte sich der französische Autor Paul Morand, der sich 1938 in der Stadt aufhielt. »Keiner von uns kannte das Viertel Santa Lucia mit diesen hohen, schmutzstarrenden, wäschebeflaggten Häusern, die aus dem Meer herauszuwachsen schienen. Man kann sie – leider Gottes – nur bedauern …« Das linke Bild vermittelt einen Eindruck davon, wie die bunten Häuser von Santa Lucia im Jahr 1900 aussahen: Unter dem wer weiß wie alten rosafarbenen Verputz sind Risse zu erkennen, ein Teil der hohen Fenster besitzt grüne Jalousien, an schmiedeeisernen Balkongeländern baumeln wahllos Teppiche, Lumpen und Grünpflanzen. Das Bild davor zeigt *lazzaroni,* emsige, ruhelose Neapolitaner und Neapolitanerinnen aus den volkstümlichen Vierteln. Diese beiden Photos fangen das gesamte neapolitanische Leben ein – die Szene in Santa Lucia ebenso wie der improvisierte Wettkampf, den Spaghetti-Esser vor einer schönen Küche unter freiem Himmel austragen. Welche Frische, welche Fröhlichkeit und was für ein Charme! Um mit Paul Morand zu sprechen: »Nur in Neapel … überdauert jene unbeschreibliche Anmut des Vergangenen, des längst Vergangenen.«

Kroatien

Auf dem Weg von Ragusa (Dubrovnik) nach San Giacomo

In brütender Hitze und gleißendem Licht erklimmt ein Pferdewagen die von Agaven gesäumte Straße, die von Ragusa nach San Giacomo führt. Kein Schatten weit und breit, nicht eine Wolke ist zu sehen – etwas ganz Charakteristisches für den trockenen Südzipfel Dalmatiens. Der in die Adria hineinragende Felssporn in der Ferne ist Dubrovnik, das einstige Ragusa – die »weise« Stadt, die Italiener und Slawen mit vereinten Kräften gegen türkische Eroberer und Piraten verteidigten. Die uneinnehmbare, aber friedliche Festungsstadt am Fuße des Sergiusberges war seit dem 15. Jahrhundert eine senatsregierte Republik. Den Einwohnern, die gute Diplomaten waren, hatte der Heilige Stuhl als Anerkennung für ihren unverbrüchlichen Glauben das exklusive Recht eingeräumt, mit den »Ungläubigen« Handel zu treiben. Dadurch sicherte sich Ragusa die Kontrolle über die Schätze des Orients. Auf dem Höhepunkt seines Ruhmes machte es Venedig Konkurrenz: Ragusa besaß den zweitgrößten Hafen an der Adria und war eine prosperierende Handelsmetropole, deren Flotte unter der Flagge ihres Schutzpatrons, des heiligen Blasius, die Meere bis zur Neuen Welt durchpflügte. Ende des 19. Jahrhunderts gingen Passagierschiffe der österreichisch-ungarischen Reederei Lloyd in Gravosa, dem Außenhafen Ragusas, vor Anker.

Ragusa, Onofrio-Brunnen

»Wenn man sich ausgiebig mit der Geschichte Ragusas beschäftigt hat, betritt man diese Stadt auf jeden Fall mit Respekt«, schrieb Charles Yriarte, der sich 1874 als Korrespondent der Zeitschrift *Le Tour du Monde* in Dalmatien aufhielt. Diesen Worten folgte eine lange Beschreibung des *Stradone* (des Stadtzentrums), in dem »man spürt, dass es noch Reichtum gibt, ungeachtet der Wechselfälle des Schicksals«. Der *Stradone* ist eine breite, von steinernen Häusern gesäumte Straße, die auf die hügelan führenden Passagen und steilen Treppen hin ausgerichtet sind. Am Anfang steht der von der osmanischen Kunst inspirierte Onofrio-Brunnen. Er besitzt ein sechseckiges Becken, das von einer Kuppel überragt wird, und wurde um 1435–1440 von dem neapolitanischen Architekten und Ingenieur Onofrio della Cava erbaut, der auch das von dem Fluss Dubrovačka gespeiste Bewässerungssystem der Stadt entworfen hat.

Pola, Augustustempel (rechts)

Fährt man von Triest aus die istrische Küste entlang, ist Pula (das ehemalige Pola) die erste große Stadt auf der Strecke. Nimmt man den Seeweg, fallen einem zunächst nur die Docks der Marinewerft ins Auge, »doch entdeckt man nach der Durchfahrt den Hafen, scheint es, als komme eine Stadt von der Größe Roms einem geradewegs bis zum Ufer entgegen«, begeisterte sich der französische Autor und Journalist Louis-Martin Chauffier im *Guide Odé de la Yugoslavie* (1955). Tatsächlich war Pula eine wichtige Metropole des römischen Reichs; davon zeugen prächtige Relikte wie zum Beispiel das Amphitheater und der Augustustempel. Im *Guide Odé* ist außerdem nachzulesen, dass die Österreicher, als sie den Hafen von Pula im 19. Jahrhundert befestigten, auf große Becken stießen, in denen die römischen Patrizier Neunaugen gezüchtet hatten, gefräßige Fische mit köstlichem Fleisch. Es heißt, um ihren Geschmack zu verfeinern, seien ihnen Sklaven oder zum Tode Verurteilte noch lebend zum Fraß vorgeworfen worden …

Die Grotte von Lokrum

Kehren wir zurück nach Ragusa, um der nur wenige hundert Meter vor der Küste liegenden Insel Lokrum einen Besuch abzustatten, auf die, so scheint es, Richard Löwenherz sich retten konnte, nachdem er auf dem Rückweg vom dritten Kreuzzug Schiffbruch erlitten hatte. Im 19. Jahrhundert ließ sich Erzherzog Ferdinand Maximilian Joseph von Habsburg, fasziniert von der Schönheit und üppigen Vegetation der sich in seinem Besitz befindlichen Insel, dort eine Villa errichten und einen wunderbaren Garten voller Eukalyptusbäume, Kakteen und Sukkulenten anlegen. Es ist nicht überliefert, ob der Erzherzog damals mit dem Boot zur blauen Grotte fuhr, die einen unweigerlich an Capri denken lässt. Das Meer ist dort so ruhig und so flach, dass es zuweilen »totes Meer« genannt wird und selbst Nichtschwimmer ohne Furcht darin baden können.

Solin, Nekropole am Stadtrand (links)

Die Geschichte von Solin, dem alten Solana, und die Geschichte Diokletians, der 284 zum römischen Kaiser ausgerufen wurde, sind eng miteinander verknüpft: Diokletian wurde als Sohn eines freigelassenen Sklaven in der dalmatischen Stadt geboren und arbeitete sich zunächst vom einfachen Soldaten zum Feldherrn hoch. Später herrschte er als Tyrann über seine Landsleute und verfolgte die Christen erbarmungslos. Noch während seiner Amtszeit ließ er sich nahe seiner Heimatstadt, in Split, einen monumentalen Palast errichten, in den er sich nach seiner Abdankung 305 zurückzog. In diesen Palast wurden Steinplatten aus den Gräbern ägyptischer Pharaonen integriert. Drei Jahrhunderte später wurde Solin von den Awaren zerstört und, wie durch eine Ironie des Schicksals, »Protektorat« des um Christianisierung bemühten Byzantinischen Reichs – der nahegelegene Diokletianpalast von Split wurde zur Kirche. Die hier abgebildete christliche Nekropole vor den Toren Solins beherbergt einige der schönsten Sarkophage der frühchristlichen Ära.

Griechenland

Athen, Tempel der Nike Apteros

Während der Parthenon die Vorrangstellung unterstreicht, die Athen Mitte des 5. Jahrhunderts v. Chr. im griechisch-römischen Kulturraum innehatte, illustriert der kleinere Siegestempel, besser bekannt als Tempel der Athene Nike, die Entwicklung des Geschmacks an der Wende zum darauffolgenden Jahrhundert. Statt der majestätischen Ausmaße der großen Bauwerke im dorischen Stil bevorzugte man nun die raffinierte Eleganz und die bescheideneren Proportionen der ionischen Ordnung. »An Ort und Stelle muss man die Tempel der Akropolis bewundern«, begeisterte sich Gaston Deschamps in seinem Reisebericht *Das heutige Griechenland,* »in dem herrlichen Lichtschimmer, in dem sie erblühten unter der warmen Sonne, die ihren Marmor vergoldet, unter dem festlichen Himmel, der ihre Säulen und Giebel in unfassbarem Azur badet … Und dort, ganz am äußersten Ende der Terrasse, so nahe am Rand, dass man fürchtet, ihn in den Abgrund stürzen zu sehen, erstrahlt, so klein fast wie eine Kapelle, so zierlich wie ein Reliquienschrein, der Tempel der ungeflügelten Siegesgöttin.« Er steht neben den Propyläen auf einem Felsvorsprung. Sein einstiger Schmuck ist vollständig verschwunden, nur der Fries hat überdauert. Er zeigt die Schlacht bei Plataä im Jahr 479 v. Chr., in der griechische Fußsoldaten die persische Kavallerie besiegten.

Piräus

»Wer sich heutzutage vor der Seekrankheit fürchtet«, mokierte sich Gaston Deschamps auf den ersten Seiten von *Das heutige Griechenland,* »der fährt mit vollem Dampfe durch Italien, schifft sich in Brindisi auf einen Lloyddampfer ein, landet in Korfu, begibt sich mit seinen Koffern auf ein griechisches Paketboot, das ihn die reizende Kürze der Fahrt durch starke Gerüche von Salzlake und Öl entgelten lässt …, steigt in Korinth aus, wo er sich unfehlbar über die Zolluntersuchung ärgert und ebenso unfehlbar am Buffet wieder tröstet, fährt mit der Eisenbahn eine Art Corniche zwischen der See und steilen Berghängen entlang …, hört endlich wie in einem goldenen Traum den triumphierenden Ruf: ›Athen! Athen!‹ und inmitten eines Gewirrs sich umarmender Leute, fallender Gepäckstücke, sich zankender Beamten betritt er den Perron des Peloponnesischen Bahnhofes, eines recht unschönen Gebäudes in einer nichtssagenden Landschaft.« Den »alten Überlieferungen« weit besser entspreche hingegen »die Ankunft über den Piräus. Sie erweckt allerlei köstliche Träume. Vergebens sagt man sich, dass man auf dem Deck eines schnaubenden, qualmenden Dampfers sitzt, der sich schwerfällig tummelt wie ein ungeschlachtes Ungetüm: man muss an die bemalten, mit Blumen geschmückten Dreiruderer denken, die sich unter Gesängen auf sieggekrönte Wettkämpfer auf den Wellen schaukelten. Will man Attika in seiner ganzen Schönheit und mit dem Reize seiner plötzlich erwachenden Frische genießen, so muss man an einem schönen Frühlingstage im Piräus einlaufen, in der Zeit, wenn die lauen Tage des Märzes die Dürre der Sandhügel mit einem zeitigen leichten Grün beleben.«

Athen, Akropolis und Jupitertempel

Der Journalist und Historiker Jean-Alexandre Buchon, Verfasser eines Buches über die Franzosen in Griechenland, achtete bei seiner Griechenlandreise aufmerksam auf die Sitten und Gebräuche der Einheimischen. Im Februar 1841 nahm er in Athen am Fest zu Beginn der Fastenzeit teil, das rund um den Jupitertempel herum stattfand. Alle Athener begaben sich dorthin, um zu feiern, zu tanzen und zu singen. Auf dem Tempelweg nahm Buchon die unwirklich anmutende Festkulisse in Augenschein; seine Beschreibung scheint von der Betrachtung dieses Photochroms inspiriert zu sein: »Im Vordergrund ist der Jupitertempel mit seinen mächtigen Säulen zu sehen; etwas weiter, im Hintergrund, erhebt sich wie zur Einrahmung des Ganzen die Akropolis; sie wird vom Parthenon überragt, das sich in voller Eleganz und Größe vor dem Himmel abzeichnet; weiter links befindet sich der Hymettos … Nur Claude Lorrains Pinsel vermöchte eine solche Farbenpracht und Harmonie wiederzugeben.«

Meteora, Kloster Agios Stefanos (folgende Doppelseite)

Im 14. Jahrhundert wurden die Klostergemeinschaften auf dem Berg Athos durch wiederholte Angriffe türkischer Piraten bedroht. Die drei Mönche Gregorios, Moïse und Athanasios verließen daraufhin das Kloster, um ein sichereres Refugium zu suchen. Ihre Reise führte sie nach Thessalien im Osten der Pindos-Berge an den Grund gigantischer Felsen – nein: Berge – aus Sandstein, die Regen und Wind geformt hatten. Auf einem der Gipfel errichteten sie eine Holzhütte, dann eine Kapelle und schließlich ein Kloster. Im 15. Jahrhundert bestand die sich »Meteora« (»in der Luft schwebend«) nennende Gemeinschaft aus 24 Klöstern. Ein besserer Rückzugsort für diese die Einsamkeit suchenden Männer ist kaum vorstellbar: Auf den Gipfel zu steigen ist, wie man sich denken kann, fast unmöglich; um Baumaterialien und Nahrung heranzuschaffen, benutzten die Eremiten ein System aus Netzen, Leitern und Winden. Als letzter Tribut an den Fortschritt wurden in den 1920er Jahren Stufen in den Fels gehauen, die man über federleichte Brücken erreicht, unter denen gähnende Abgründe klaffen.

Algerien

Algier, Maurin auf einer Terrasse

Wenn sich der Tag neigt und die Dämmerung hereinbricht, bevölkern sich über der Bucht von Algier Tausende weiß gekalkter Terrassen. Frauen spazieren in Grüppchen umher, unterhalten sich, auf Mauerbrüstungen sitzend, und strecken sich in aller Privatheit bequem aus. Den Schleier haben sie abgelegt – sie zeigen ihr nacktes Gesicht. Sie tragen unter der Brust gegürtete Seidentuniken, und unter den leichten Ärmeln aus Gaze schimmern ihre Arme durch.

Wenn man Reiseberichten aus den Jahren 1870–1900 Glauben schenkt, waren Männer in der muslimischen Welt auf den Terrassen unerwünscht … Das hier abgebildete Photo von der Maurin und dem jungen Mann ist also »gestellt« – was im 19. Jahrhundert bei dieser Art von Aufnahmen durchaus üblich war.

Der Hafen von Algier

Alle Reisenden waren sich darüber einig: Näherte man sich um 1900 mit dem Passagierschiff dem Hafen von Algier, herrschte zunächst allenthalben Stille; das einzig störende Geräusch erzeugte der Schiffsbug, der durch das zunehmend ruhiger werdende Wasser pflügte. Doch plötzlich konnte man die Stadt hören, der Lärm schwoll an, und während das Schiff in den Hafen einlief, wurde es immer lauter.
Dieses Photo wurde von der Amirauté (Admiralität) aus aufgenommen. Der Damm im Zentrum schließt das Hafenbecken auf der nördlichen Seite ab; im Hintergrund begrenzen es die Arkaden der Rampes Chasseloup-Laubat.

Ankunft eines Passagierschiffes in Algier (rechts)

Die Passagiere dieses Schiffes gehen nicht im Hafen, sondern in der Reede von Algier von Bord. Möglicherweise machte das Schiff nur einen Zwischenhalt oder war zu groß, um am Kai festzumachen – denn erst in den 1920er Jahren wurden die Häfen so ausgebaut, dass auch die neuen »Giganten« der großen Reedereien anlegen konnten. Um 1900 war Algerien eine Touristenhochburg. Die Compagnie Générale Transatlantique hatte Hotels eröffnet und organisierte »All-inclusive«-Rundreisen.

ALGER

Algier, Place de Gouvernement

Einige wenige Passanten, deren Schritte auf dem überheizten Pflaster widerhallen, überqueren den Platz; andere machen im Schatten der Reiterstatue des Herzogs von Orléans eine Pause. »Es gibt die Mittagsstille auf dem Gouvernementsplatz«, schrieb Albert Camus in *Sommer in Algier,* »wo im Schatten der ihn einfassenden Bäume Araber geeiste Zitronenlimonade mit Orangenblüten verkaufen, das Glas zu fünf Sous. Ihr Ruf ›frisch! frisch!‹ hallt über den leeren Platz. Dann ist es wieder still, die Sonne glüht; und ich höre, wie sich im Kruge des Verkäufers das Eis mit leisem Klickern umdreht.« Auf der rechten Seite des Platzes steht die massive Moschee Djamâa el Djedid, deren schäfchenhaftes Weiß den Eindruck der Hitze noch verstärkt. Weiter links sind die Arkaden eines europäischen Cafés zu sehen, die mit bis auf halbe Höhe heruntergezogenen Jalousien verdunkelt sind. So ist der Sommer in Algier.

Algier, Rue de la Mer Rouge (links)

Zwei Frauen, deren Oberkörper vollständig hinter weißen Schleiern verschwinden, hasten durch eine Straße der Kasbah, der historischen Altstadt von Algier. Deren Gassen sind an manchen Stellen so eng, dass die Häuser einander in Dachhöhe fast berühren. Kaum lässt sich ein Blick auf den Himmel erhaschen. Lauschen wir Maupassant: »Zuweilen hört man Klänge einer süßen, wilden Musik aus diesen Behausungen, aus denen oft auch Frauen heraustreten, immer zu zweit … Den Kopf mit einem Tuch bedeckt …, die Beine in weiten, an den Knöcheln zugebundenen Hosen aus Leinen oder Kattun versteckt, so schreiten sie langsam, ein wenig befangen und zögernd, voran; und man versucht zu erraten, was für ein Gesicht sich hinter dem Schleier verbirgt, der die Umrisse leicht andeutet.«

Stickschule Luce Ben Aben (folgende Doppelseite)

Théophile Gautier, der sich in den 1860er Jahren in Algier aufhielt, schwärmte von der Geschicklichkeit der Posamenterinnen und Stickerinnen dort. »In ihren Fingern schlangen sich Fäden aus Gold, Silber und Seide umeinander, ohne je durcheinanderzugeraten …«, schrieb er. Wahrscheinlich war das deshalb so, weil die kleinen Mädchen in der Schule Luce Ben Aben ihr Metier von klein auf erlernten!

Biskra, Markt

Die Oase Biskra im Herzen des Aurès-Massivs ist Marktplatz, Grenzposten und Tor zur Sahara. Dort lebt das Berbervolk der Chaouis, ein ehemals nomadisierender Stamm von Viehzüchtern. Auf dem Markt von Biskra werden Gemüse, aromatische Kräuter und Früchte – Feigen, Granatäpfel, Aprikosen, Datteln mit bernsteinfarbenem Fleisch – feilgeboten, die in den bewässerten Gartenanlagen prächtig gedeihen.

Biskra, Altstadt (rechts)

Seine literarische Bedeutung verdankt Biskra André Gide: Der Schriftsteller liebte es, durch die Gassen der Altstadt zu schweifen, in denen auch der Held seiner Erzählung *Der Immoralist* spazieren geht. Das Werk erschien 1902, zur selben Zeit, als dieses Photochrom entstand. Ein in die blaue Kluft der Wüstenbewohner gekleideter Bauer aus Biskra geht, seinen Esel vor sich her treibend, die fahlgraue Lehmmauer entlang, die dem Verlauf des Flüsschens folgt und wohltuenden Schatten spendet. So wie diese sind auch die anderen Gassen der Altstadt zwischen hohe Mauern eingezwängt, hinter denen Palmen gedeihen. In der Mitte fließt das klare blaue Wasser des Wadi. Während der heißen Stunden des Tages beben die Mauern im blendenden Licht der Sonne.

Tunesien

Blick auf Kairouan

Kairouan, die heilige Stadt des Maghreb am Rande der Wüste, wirkt wie eine Fata Morgana. Kairouan war die erste Stadt, die die islamischen Eroberer in Nordafrika errichteten, und entwickelte sich zu einem der größten Verkehrsknotenpunkte der muslimischen Welt. Hier unterbrachen Karawanen ihren Zug in den Süden Tunesiens, und ihre Begleiter begaben sich zur heiligen Quelle. Über den Flachdächern der von zinnenbewehrten Schutzmauern umschlossenen ehemaligen Hauptstadt der Aghlabiden rundet sich die gedrungene Kuppel der Moschee Sidi Okba – eines der wichtigsten islamischen Heiligtümer. Am Horizont ist als violette, vom blauen Himmel abstechende Linie das Gebirgsmassiv Djebel Zaghouan auszumachen.

Tunis, Rue el Marr

Souk der Schuhändler, Souk der Feshändler, Souk der Parfümhändler, Souk der Leder- und Stoffhändler – die Souks von Tunis sind seit dem 13. Jahrhundert die berühmtesten im ganzen Orient. Am Ende der Rue el Marr gelangt man durch einen schattigen Eingang in einen dieser duftgeschwängerten Basare, in denen sich eine bunt zusammengewürfelte Menschenschar tummelt. Die Rue el Marr setzt sich links in Richtung Kasbah fort: Hier sind das Minarett und die Kuppel der Moschee Sidi Mahrez auf der Place Bab Souika zu sehen.

Tunis, Rue Sidi ben Ziad (links)

Das rebellische Tunis, einst ein unbedeutender berberischer Marktflecken auf einem zum »kleinen Meer« – dem See von Tunis (El Bahira) – hin abfallenden Hügel, fiel im 7. Jahrhundert, nach dem Untergang der mächtigen Nachbarstadt Karthago, dem Araberführer Hassan Ibn Nooman in die Hände. Er ließ in Tunis eine Kriegswerft und die Moschee Jama Ez Zitouna bauen. Im 12. Jahrhundert besaß Tunis, inzwischen Hauptstadt des Hafsiden-Reiches, einen florierenden Handelshafen und war eine kosmopolitische Metropole. Seeleute, genuesische, griechische, venezianische und spanische Händler lebten dort Seite an Seite.

Hier befinden wir uns in einer der typischen Gassen der Medina. Sie führt zur Moschee Jama Ez Zitouna, in der heute die islamische Universität und die Bibliothek untergebracht sind.

Tunis, maurisches Café in Halfaouine

Im volkstümlichen Viertel Halfaouine versammeln sich die Männer seit jeher in den Cafés. Dort sitzen sie auf Matten oder Holzbänken und rauchen Wasserpfeife, oft ohne etwas zu essen oder zu trinken. An den Abenden des Fastenmonats Ramadan wimmelt es in den Cafés vor Menschen. Akrobaten mit rasiertem Schädel, Feuerspucker, Tänzerinnen und Musiker bieten ihre Künste dar, bis kurz vor Sonnenaufgang zum Morgengebet gerufen wird.

Araber (rechts)

Mit Posamenten eingefasste Seidenwesten in lebhaften Farben, dazu passende Turbane und bestickte Gürtel – so kleiden sich die Menschen »in diesem Labyrinth aus engen, winkligen Gässchen, wo die farbigste, buntscheckigste, aufgetakelste, glänzendste, schillerndste und dekorativste Bevölkerung dieses ganzen orientalischen Gestades durcheinanderwimmelt. Wo sind wir?«, fragte sich Maupassant. »In einem arabischen Land oder in dem blendenden Reich Harlekins, der sich … als unübertrefflicher Kolorist damit vergnügt hat, sein Volk mit berauschender Phantasie zu kostümieren?«

Marokko

Tanger, Marokkaner

Im photographischen Vokabular des 19. Jahrhunderts nimmt die Kategorie »Typus« oder »Studie« einen besonderen Platz ein. Darunter fallen Porträts mit »exotischem« Charakter – ein Diminutiv für »Ethnophotographie« –, Genreszenen und Aufnahmen exotischer Tiere. Zu dieser Kategorie gehört auch dieses Photochrom, denn die auf kleinen Pferden reitenden Männer in ihren langen Burnussen bedienen die an den Maghreb geknüpften kollektiven Phantasien. Der Sand, das orangefarbene Glimmern der Sonne am Horizont, die weiß schäumenden Wellen, die Einsamkeit der beiden Reiter, ihr großer Schatten – der Mythos vom Orient zeigt sich hier in einer Form, die Wüstenabenteurer und Freunde unberührter, ungezähmter Natur zum Träumen bringt.

Tanger, Cap Spartel

Die an der Nordspitze Afrikas gelegene Metropole Tanger, das »Einfallstor« Marokkos, zog – so Pierre Loti 1889 – jeden Winter so viele Reisende an, dass »der Sultan … den Entschluss fasste, sie mehr oder weniger den Touristen zu überlassen und, wie eine abtrünnige Stadt, keines Blickes mehr zu würdigen«. Auf diesem Bild jedoch zeigt sich Tanger von einer ganz anderen Seite, sonnenversengt, unter einem stahlblauen Himmel vor sich hindösend. Am Rande der staubigen Straße, die nach Cap Spartel führt, rastet ein Mann. Vielleicht wartet er darauf, dass die Hitze nachlässt, ehe er seinen Weg fortsetzt. Man stelle sich dazu den ohrenbetäubenden, penetranten Gesang der Zikaden vor, der sogar den Ruf des Muezzins übertönt.

Tanger, Kasbah mit Justizpalast

Der Eindruck von Verlassenheit, den man angesichts dieses um 1890 entstandenen Photos der Kasbah empfindet, wird durch den Aufnahmewinkel noch unterstrichen: Zunächst schweift der Blick über den leeren Vordergrund, um sich dann widerwillig in die trichterförmige Straßenschlucht hineinsaugen zu lassen, bis ein schwarzes Tor am Ende der Gasse ihn brutal zurückstößt. Kaum verweilt er bei den Menschen, die ihrerseits den Blick zu fliehen scheinen. Nur der schöne Ockerton des Gebäudes auf der linken Seite haucht dem Bild ein wenig Leben ein.

Madeira

Funchal, Hängematte mit Trägern

Vor der marokkanischen Küste, zwischen Gibraltar und den Kanarischen Inseln, liegt die Madeira-Gruppe, und auf Madeira selbst, der größten Insel des Archipels, die Hauptstadt Funchal. »Ich kenne nichts, was erfrischender fürs Auge, farbenfroher, grüner, blumengeschmückter wäre … als Funchal, wenn man es bei der Einfahrt in die Reede vom Schiff aus sieht«, schrieb der große Reisende und Schriftsteller Albert T'Serstevens (1886–1974) in seinem Buch *Périple aux îles atlantides* (1966). Kaiserin Elisabeth von Österreich besaß eine Villa in Funchal, in dem vor allem Briten im 19. Jahrhundert gerne ihr Winterquartier aufschlugen. Von Funchal aus schiffte sich Sissi nach Korfu ein. Dort stand ihr neuer Palast, das Achilleion, um dessentwillen sie Madeira verließ.

Außer den Tobbogan-Schlitten mit Weidensitz, die, »von zwei stämmigen Kerlen über die rutschigen Kiesel gelenkt«, mutige Touristen vom Monte Funchal nach Funchal hinunterbeförderten, gab es auf der Insel noch eine weitere liebenswerte Kuriosität: die getragene Hängematte. Weiß gekleidete Träger mit Canotier-Hut auf dem Kopf transportierten auf diese Weise »Menschen von hohem Stand«, vor allem Damen, von einem Ort zum andern. »Die aus starkem Leinen gewebte, mit Volants aus Baumwollgewebe« und mit Blumen oder bogenförmigen Verzierungen geschmückte Hängematte baumelte an einer langen Stange, die bei Bedarf von zwei Männern geschultert wurde. Diese reizende Art der Personenbeförderung nutzte man sogar zur Durchquerung des Hotelgartens. Oder man legte sich kurz in die Hängematte, um ein Photo machen zu lassen, erläuterte T'Serstevens.

Kanarische Inseln

Teneriffa, Hotel Bon Repos in Guimar

Fährt man mit dem Schiff von Madeira aus weiter an der Westküste Afrikas entlang nach Süden, stößt man unweit der südmarokkanischen Küste auf die – insgesamt sieben – Kanarischen Inseln, die die Griechen einst als »vom Schicksal begünstigt« bezeichneten. Eine gewagte Behauptung, denn was Klima, Vegetation und Niederschlagsmengen betrifft, sind die Kanaren mit Afrika vergleichbar, vor allem mit der westlichen Sahara. Den sattgrünen Bergen auf diesem Photochrom ist nicht zu trauen: Wer etwas genauer hinsieht, bemerkt, dass sie nur von einer recht schütteren Vegetation bedeckt sind; überdies lässt die schwarze Erde der terrassenförmig angelegten Felder im Vordergrund des Hotels Bon Repos keinen Zweifel an ihrem vulkanischen Ursprung aufkommen. »Außer auf La Palma kein einziger Bach, kein Fluss, kein See …, kein Rinnsal«, schrieb T'Serstevens in *Périple aux îles atlantides*. Zwischen 1871 und 1879 und zwischen 1958 und 1961 fiel auf den Kanaren kein Tropfen Regen. »Das ganze Vieh, darunter auch Kamele, die nur selten getränkt werden …« musste nach Afrika evakuiert werden! Doch im ehemaligen Hotel Bon Repos, dem heutigen Eden, konnte man sich den Gaumenfreuden der französischen Küche hingeben.

Ägypten

Kairo, die Pyramiden

Am Hafen von Altkairo postiert, verglich Édouard Schuré die Pyramiden von Giseh – die des Cheops, des Mykerinos und des Chephren – mit drei stufenförmigen, kulissenartigen Zelten, deren Dreiecksgestalt ihm »unwandelbar« erschien. »Steinerne Wachposten« seien sie, »die den Weg nach Oberägypten weisen«. Louise Colet, 1869 Ägyptenkorrespondentin des *Siècle,* war von der Schönheit dieser weitläufigen Kulisse, die der Stadtpanoramen von London oder Paris würdig und so überwältigend wie erhaben sei, geradezu erschüttert: Sie schwärmte von den Pyramiden, die »sich scharf vor dem Goldgrund des glühenden Himmels abheben«, den Palmen, die »ihre gigantischen Fächer im Äther auffalten«, dem fruchtbringenden Fluss mit seinen majestätischen Ufern und von der »trostlosen, trockenen Wüste, die in der glühenden Hitze zu rauchen scheint« und alles wie ein unermesslich großer Rahmen einfasste.

Port Said, arabisches Viertel

Port Said wurde 1859 von der französischen Suezkanal-Gesellschaft gegründet, um die am Ausheben des Kanals beteiligten Arbeiter unterzubringen. Dieses gigantische Projekt erforderte Unmengen von Arbeitskräften, die aus der gesamten Mittelmeerregion kamen, und erinnert in Bezug auf die Größenordnung der eingesetzten Mittel an den Bau der Pyramiden.

Ende des 19. Jahrhunderts war aus Port Said, der »Weltenkreuzung«, dem Vestibül des Fernen Ostens, eine kosmopolitische Hafenstadt geworden, in der alle Seemächte mit einem Konsulat vertreten waren. Aufgrund ihrer Ursprünge besitzt die Stadt noch immer eine Aura des Provisorischen – ihre Architektur scheint nicht von Dauer –, insbesondere im arabischen Viertel, dessen völlig chaotisch aus dem Boden gestampften Behausungen einer in Vergessenheit geratenen Theaterkulisse gleichen: »ein Bazar, keine Stadt!«

Suezkanal, Baggerschiff

Paul Morand verglich Port Said und Suez mit zwei Inseln, die wie Armbandanhänger am Band des Suezkanals baumeln. Die Kanalufer bestehen aus steilen Sandböschungen, natürlichen Mauern, auf denen wegen des salzigen Milieus kein Pflänzchen gedeiht. Täglich passieren große Schiffe den Kanal (in den 1920er Jahren waren es etwa 15), gleiten »mit der gemächlichen Erhabenheit eines Kamels, das beim Gehen hin- und herschaukelt«, durch das spiegelglatte Wasser, angeführt von Baggerschiffen, die den sandigen Grund mühselig ausbaggern. Ferdinand de Lesseps, der den Suezkanal konstruierte und dabei die Unterstützung und das unerschütterliche Vertrauen des ägyptischen Vizekönigs Said Pascha genoss, wollte mit dem 160 Kilometer langen, mitten durch die Wüste führenden Kanal zwischen Mittelmeer und Rotem Meer den Seeweg nach Indien um die Hälfte verkürzen. Doch das ganze Unternehmen basierte auch auf einer schwer kalkulierbaren Voraussetzung: der Entwicklung einer Dampferflotte, die seit den 1870er Jahren tatsächlich zum Einsatz kam. 1875 wurde Großbritannien, das längst den Ruf einer Seemacht genoss, Hauptaktionär der Suezkanal-Gesellschaft.

Kairo, Mameluckengräber (folgende Doppelseite)

Während eines morgendlichen Ausflugs zu den Mameluckengräbern geriet Louise Colet vor Entzücken schier außer sich, so beeindruckt war sie von der Größe und der tieftraurigen Ausstrahlung der Nekropole: »Die Minarette und durch die Sonne vergoldeten Kuppeln heben sich in mannigfaltiger Gestalt vom Himmel ab. Die kleinsten Details der vom Licht exakt herausgemeißelten Skulpturen sind vollständig zu erkennen. Das ist so schön und so verzweifelt wie das Forum Romanum, durch die vollständige Abkapslung von der Stadt, das Fehlen jeglichen menschlichen Geräuschs, die Vergessenheit und das Nichts, denen die Erinnerung an diese revolutionären Sultane, deren Name nicht einmal in ihren großartigen Nekropolen ein Echo hervorruft, anheimgefallen ist, aber auch größer, imposanter und melancholischer.«

Kairo, geöffnete Nilbrücke

Im 19. Jahrhundert machten die Einwohner Kairos gerne Ausflüge zur zauberhaften Insel Gezira, die man nur mit dem Kahn erreichte. Es war Khedive Ismail Pascha, der Ende der 1860er Jahre die Ufer aufschütten ließ, um Überschwemmungen zu vermeiden, und einen Landungssteg anlegte, um den Zugang zur Insel zu erleichtern. In deren Zentrum ließ er einen Palast mit botanischem Garten errichten, der mit Pavillons und Brunnen ausgestattet wurde. Dieser Palast wurde im Sommer bald zum liebsten Aufenthaltsort des Khedive, und die Insel kam in Mode. Dank der 1872 erbauten Quasr el-Nil-Brücke, einer Drehbrücke, war sie bald problemlos zu erreichen. Manchmal wird die Brücke aufgemacht, um ein paar Feluken durchzulassen – Wahrzeichen des Nils, die seit undenklichen Zeiten Fischer, Reisende oder Kaufleute befördern.

Kairo, Sangar el-Gaouli (rechts)

Die historische Altstadt Kairos beherbergt neben der uralten Moschee Ibn Tulun auch das 1304 erbaute Ensemble Sangar el-Gaouli. Es besteht aus zwei identischen Mausoleen mit Zwillingskuppeln: dem Mausoleum seines Gründers Emir Alam el-Din Sangar el-Gaouli und dem seines Gefährten Emir Seif el-Din Salar. In Ägypten entwickelten die Architekten monumentaler islamischer Grabmale eigenständige, mit Kuppeln gekrönte Mausoleen auf viereckigem Grundriss, die in die Umfassungsmauer der Stadt integriert wurden. Die skulpierten – hier gerippten – Steinkuppeln verdanken sich ebenso wie das dreistufige (kubische, oktogonale, zylindrische) Minarett dem Einfluss mameluckischer Baumeister. Anfang des 20. Jahrhunderts vertrat der Wissenschaftler Hermann Thiersch die höchst kontrovers diskutierte Theorie, diese Bauweise sei als Reminiszenz an die Gestalt des Leuchtturms von Alexandria zu verstehen.

Kairo, Brunnen im arabischen Viertel

Der *sabil,* hier in Form eines Pavillons gestaltet, ist ein öffentlicher Brunnen mameluckischen Ursprungs, aus dem Passanten kostenlos Wasser schöpfen können. Übersetzt bedeutet das arabische Wort *sabil* »milde Gabe für den Vorübergehenden«. Der Bau eines Brunnens gilt im Islam als gute Tat, als philanthropischer Akt. Die mit Nilwasser gespeiste Zisterne ist ebenerdig angelegt.

Kairo, Beduinenpaar nach Marktende (links)

Ethnische Stereotype kehren seit dem 18. Jahrhundert in der Reiseliteratur immer wieder. Innerhalb der ägyptischen Bevölkerung unterscheidet man Bauern oder Fellachen und Beduinen, die ursprünglich als Nomaden in der zentralarabischen Wüste lebten. Nach und nach verteilten sie sich über den Mittleren Osten, Nordafrika und Ägypten. Als »einsame Herumtreiber, Karawanenführer«, dem Zelt und dem Nomadenleben verhaftete Vagabunden sicherten sie ihre Existenz durch die Aufzucht und den Verkauf von Vieh. Ihre Kleidung bestand meist aus einem Hemd, das mit einem breiten Ledergürtel zusammengehalten und mit einer braun-weißen Wolldecke bedeckt wurde, aus einem Paar Sandalen und einem Turban.

Kleingewerbe in den Straßen von Kairo (vorausgehende Doppelseite)

»Eine Gestalt geht vorüber, eine seltsame Last auf den Schultern tragend. Es handelt sich um einen einfachen Wasserverkäufer mit einem Schlauch aus Ziegenleder; ein Lauf ist zu einem Hahn umfunktioniert« (Robert de Fiers). Auf dem linken Bild sieht man Frauen beim Verkaufen von Zuckerrohr, dessen Saft den Durst stillt.

Philae, südlicher Teil

Bei Assuan, dem Tor zur Nubischen Wüste, wird der Nil unruhig: Ufer und Flussbett bäumen sich zu Klippen und Riffen, die das Wasser aufwühlen und das Navigieren erschweren. Für Reisende der Belle Époque, die zur heiligen Insel Philae unterwegs waren, verwandelte sich die zuvor erholsame Nilfahrt plötzlich in einen sportlichen Ritt durch die Stromschnellen. Der Isis-Tempel auf der Insel Philae stammt aus der Zeit der Ptolemäer. Im Vordergrund ist der östliche Säulengang abgebildet, der zum ersten Pylon führt. Dessen monumentaler Eingang ist links zu sehen. Hinter dem zweiten Pylon befindet sich das Sanktuarium mit dem Altar, auf dem die Götterbarke der Isis thronte. Rechts im Bild ist der Kiosk Trajans zu sehen, ein luftiges Bauwerk, »das aussieht, als seien dort große Blumen aus Gold gezogen worden …, zwischen deren offenen, eleganten Säulenkelchen der immerdar blaue Himmel herablächelt« (Édouard Schuré, 1898).

Karnak, Großer Säulensaal (rechts)

Neben der Sphinx und den Pyramiden von Giseh ist Karnak die beliebteste Touristenattraktion Ägyptens. Die kolossalen Proportionen des Hypostyls, dessen Säulen mit offenen Papyruskapitellen abschließen und deren gigantische Schäfte »sechs Männer mit ausgestreckten Armen kaum umfassen können, selbst wenn sie sich nur an den Fingerspitzen berühren«, versetzen Besucher zwangsläufig in Erstaunen. Auf dem Photo liegt der Boden des Saals noch unter sieben Fuß Schutt begraben. Der englische Photograph Francis Frith wies darauf hin, wie schwierig es angesichts der engen Säulenreihen war, das Hypostyl zu photographieren: »Die Baumeister wollten durch diese aufsehenerregende Ansammlung riesiger Säulen offensichtlich eben jenen Eindruck von Riesenhaftigkeit und Macht – fast Schrecken – erzeugen, der sich einem aufdrängt, wenn man zwischen den Säulen steht.«

Israel/Palästina

Blick auf Lydda

Diese Photographie aus der Gegend von Lydda (dem heutigen Lod), die durch die krummen Zweige eines hundertjährigen Olivenbaums aufgenommen wurde, hat symbolische Bedeutung. Die ehemalige griechische Kolonie Lydda, die nur ein einziges Mal in der Bibel erwähnt ist, wurde nach der Zerstörung des Tempels von Jerusalem im Jahr 70 zum Mittelpunkt des geistigen Lebens der Juden. Während der Kreuzzüge wurde Lydda zunächst von Saladin, dann von den Kreuzrittern eingenommen. Richard Löwenherz war dem Ort ganz besonders zugetan: Der Legende nach wurde der heilige Georg, seines Zeichens Drachenbezwinger und Schutzpatron Englands, dort geboren. Als 1948 der Staat Israel gegründet wurde, ereilte das stark arabisch geprägten Lydda ein dramatisches Schicksal: Die Bevölkerung, die gegen die von den Vereinten Nationen beschlossene Teilung Palästinas kämpfte, wurde vertrieben; viele Menschen fielen Massakern zum Opfer.

Jerusalem, der Basar

»Oh! Jerusalem, heilige Stadt der Christen, der Muslime, der Juden, in der das Raunen der Klagen und Gebete niemals versiegt …« Schon diese wenigen spontanen Worte Pierre Lotis – der für seine Neigung zum Islam und seine zumindest als entschieden zu bezeichnende Haltung gegenüber dem jüdischen Volk bekannt war –, bringen das ewige Paradoxon dieser mythischen Stadt, dieses entzweiten Landes, das bis heute keinen Frieden gefunden hat, zum Ausdruck.

Im Herzen des Jerusalemer Basars fühlten Reisende sich in den mittelalterlichen Orient versetzt. Nach wie vor strömten pittoresk anmutende Menschenmassen Tag für Tag auf den Marktplatz: Beduininnen, die stolz Amphoren oder mit Obst gefüllte Körbe auf dem Kopf trugen, Beduinen mit sanftmütigen Kamelen an der Leine, die mit Holz aus den nahe gelegenen Bergen beladen waren. Eine kompakt wirkende Ansammlung von Häusern beherrscht die Szenerie. Ihre fensterlosen Mauern verglich Chateaubriand mit Gefängnismauern oder Grabstätten.

Jerusalem, Turm der Burg Antonia (rechts)

Dieser Turm gehörte zur Burg Antonia, in der die jüdischen Rebellen sich während der Plünderung Jerusalems und der Zerstörung des Tempels im Jahr 70 verbarrikadierten. Er dominiert die Via Dolorosa, den Leidensweg Jesu auf dem Weg nach Golgatha. »Wir standen in einer engen Straße neben dem Turm der Antonia. ›Auf diese Steine, die jetzt verfallen‹, sagte der Fremdenführer, ›setzte sich der Heiland und ruhte, bevor er das Kreuz aufnahm. Dies ist der Anfang des Leidensweges oder der Via Dolorosa.‹ Die Gesellschaft nahm Kenntnis von der geheiligten Stelle und ging weiter«, berichtet Mark Twain in *Bummel durch Europa.* Betrachtet man den Eingang zu dieser dunklen und wenig einnehmenden Gasse, erscheint einem Mark Twains nüchterner Ton durchaus verständlich. Mit schwerem Schritt klapperte er die heiligen Stätten Jerusalems ab und wurde schier verrückt bei den Einlassungen eines vom Wunderglauben durchdrungenen Führers, der seine Schäflein mit Geschichten traktierte, in denen es der Aberglaube mit der Legende aufnehmen konnte.

Jerusalem, Klagemauer

Die sogenannte Klagemauer ist der einzige Überrest des Tempels, den die Juden einst zur Aufnahme der Bundeslade errichteten. Seit der osmanischen Zeit ist dies der heiligste Ort des Judentums – und der einzige in Jerusalem, an dem die Kinder Israels in der Öffentlichkeit ihren Kult ausüben dürfen. Tatsächlich handelt es sich um einen Rest der westlichen Stützmauer des Plateaus, auf dem Herodes den zweiten Jerusalemer Tempel errichten ließ. Hier versammeln sich Menschen, um Gottesdienste abzuhalten oder religiöse Feierlichkeiten zu begehen. Die Gläubigen schreiben ihre Gebete auf Papier, das sie in die Mauerritzen stecken.

Jerusalem, alte Juden (links)

Dieses Dreierporträt ist eine unheilvolle Karikatur – doch leider entspricht sie dem Geist der damaligen Zeit, als die Dreyfus-Affäre Frankreich entzweite und von sich reden machte. Die steife Haltung, die jämmerliche Aufmachung, so vieles vermochte die Vorurteile zu untermauern, die in den Berichten von »Pilgerreisenden« – von Schuré bis Loti – Blüten trieben. Nur Chateaubriand wunderte sich seinerzeit über das Schicksal dieser Fremden im eigenen Land, die jede Form der Verachtung zu spüren bekämen, »alle Kränkungen erleiden, ohne Gerechtigkeit zu verlangen«.

Jerusalem, der Felsendom (folgende Doppelseite)

Der auf den Ruinen des salomonischen Tempels angelegte Haram esh-Sharif – der Tempelberg – ist der drittheiligste Ort des Islam. Zwischen 685 und 705 wurde auf dem Tempelberg im Zentrum eines großen rechteckigen Platzes, der über acht Treppen mit *qanatir* (Säulentoren) erschlossen ist, der Felsendom errichtet, der die Überlegenheit des Islam in der heiligen Stadt symbolisch zum Ausdruck bringen sollte. Östlich vom Felsendom steht der kleine Kettendom, der noch schönere Fayencedekorationen aufweist. Unter der mit vergoldetem Kupfer gedeckten Kuppel des Felsendoms befindet sich der Fels, auf dem Abraham seinen Sohn Isaak opfern sollte, auf dem Mohammed seine Himmelsreise antrat und der als Fundament für das Allerheiligste von Herodes' Tempel gedient haben soll. Mark Twain, der davon wenig beeindruckt war, schrieb: »An der Stelle, wo Mohammed stand, hat er in dem massiven Stein seine Fußabdrücke hinterlassen. Ich schätze, er hatte ungefähr Schuhgröße 58.«

Jerusalem, Steinhauer

Diese zeitlos wirkenden, sich in Positur werfenden Steinhauer sind würdige Nachkommen jener Arbeiter, die zu Zeiten König Salomos beim Tempelbau mitwirkten. So heißt es im Alten Testament im ersten Buch der Könige, Kapitel 5: »Und Salomo hob Fronarbeiter aus von ganz Israel, und ihre Zahl war dreißigtausend Mann ... Und Adoniram war der Frontvogt. Und Salomo hatte siebzigtausend Lastträger und achtzigtausend Steinhauer im Gebirge, ohne die Vögte Salomos, die über die Arbeiten gesetzt waren: dreitausenddreihundert, welche den Leuten geboten, die die Arbeiten taten. Und der König gebot, große und kostbare Steine auszubrechen, behauene Steine zum Grund des Hauses. Und die Bauleute Salomos ... hieben sie zurecht; so bereiteten sie Holz und Steine zu, um das Haus zu bauen.«

Jerusalem, Fassade der Grabeskirche (rechts)

Das Doppelportal der Kirche zum Heiligen Grab – der Stätte, an der Jesus Christus bestattet und wiederauferstanden sein soll – hat nur noch eine Öffnung, denn Sultan Süleyman II. ließ die eine Hälfte einst zumauern. »Diese bröckelnde, zerschlagene Masse, ... die inzwischen aussieht wie ein großer rauer Felsen«, steht auf einem von düsteren Mauern umgebenen Platz. Sie »besitzt zwei riesige Portale aus dem 12. Jahrhundert, deren ornamentale Einfassungen seltsam archaisch wirken; die eine ist zugemauert, die andere steht weit offen und lässt einen Blick in den dunklen Innenraum zu, in dem tausende Flämmchen flackern«, schrieb Pierre Loti 1894.

Zubringerboot in Jaffa

Westliche Pilger, die nach Jerusalem unterwegs waren, reisten früher normalerweise über Jaffa an. Der Hafen von Jaffa war der marodeste an der gesamten Küste und bei schlechtem Wetter praktisch nicht anzufahren. »Das Schiff ankert vor einer Reihe von Felsenriffen. Es ist tatsächlich nicht leicht, einen Fuß auf die heilige Erde zu setzen, und es ist wahr, dass eine Reise nach Jaffa seit dem Mittelalter bedeutet, sich in Gefahr zu begeben. Wenn die moderne Industrie diese Riffe in einen banalen Hafen verwandelt haben wird, wenn man in Jaffa vor Anker gehen kann wie in Le Havre oder New York, dann ist es um die strenge Schönheit Palästinas geschehen«, behauptete Édouard Schuré 1898.

Beduininnen (links)

»Wir haben Dezember, den Erntemonat; Kinder, die zu drei Vierteln nackt sind, sitzen auf den Ästen und lassen Oliven in flache Strohkörbe regnen, die Frauen in blauen Baumwollumhängen ihnen aufrecht oder gebückt, in unvergleichlichen Posen hinhalten« (Vicomte de Vogüé, 1872). Die jungen Beduinenfrauen mit ihrem Nachwuchs auf den Schultern scheinen dieser idyllischen Szene direkt entsprungen.

Libanon

Antilibanon, Zebdani

Zu den charakteristischen Eigenschaften des Libanon gehört sein abwechslungsreiches Landschaftsbild. Die liebliche Küstenebene mit mildem Mittelmeerklima geht weiter östlich in ein Mittelgebirge über, das gastliche Täler durchziehen, dann folgt eine zentrale trockene Senke und schließlich das wie eine Barriere anmutende Massiv des Antilibanon. Abrupt schraubt sich das Gebirge über der Ebene von Bekaa in den Himmel, um auf einer Höhe von etwa 2000 Metern ein wüstenartiges Plateau zu bilden. Die Kammlinie, die die Grenze zwischen dem Libanon und Syrien bildet, verliert weiter südlich an Höhe und geht im Hermongebirge auf. Mark Twain verband mit der Durchquerung des Tales von Zebdani quälende Erinnerungen: Nach tagelangen Gewaltritten durch Wüsten, Berge und Täler kam »wieder eine Dreizehnstundenstrecke … Sie führte über die ödesten Kalkberge und durch die kahlsten Schluchten, die selbst Syrien aufweisen kann«, schrieb er. »Die Hitze flimmerte überall in der Luft. In höheren Lagen blendete uns der Widerschein der Kalkberge.«

Panorama von Beirut

Jenseits des schaurigen Antilibanon liegt die Stadt Beirut, die wie das nur 125 Kilometer weit entfernte Damaskus ein stummes Versprechen einlöst: »Eine Landschaft, in der es kühl, schattig und still ist, ein Alpenpanorama, das mitten auf einem Schweizer See aufgenommen wurde, das ist Beirut bei ruhigem Wetter« (Gérard de Nerval, 1851). Beirut erstreckt sich über einen sanft zum Meer hin abfallenden Hügel. Die Häuser besitzen Flachdächer, die den Nachbarn jeweils als Terrasse dienen. Dort kann man sich an der erfrischenden Meeresbrise laben, wenn der Wüstenwind die Luft aufgeheizt hat. In der Ferne sieht man die Reede; sie wird von einer Landzunge abgeschlossen, die den Hafen vor Wind schützt. Die üppige Vegetation ist für die ganze Stadt ein Segen: Überall breiten Maulbeerbäume, Feigenbäume, Johannisbrotbäume, Platanen, Orangen- und Granatapfelbäume ihre Schirme aus und verströmen balsamische Düfte.

Syrische Musliminnen in Stadtkleidung in Beirut (rechts)

»Im Orient suchen Reichtum und Schönheit den Schatten; man hält dort vergeblich nach der bei uns üblichen pompösen Zurschaustellung von Luxus Ausschau: Die Häuser sind ebenso verschleiert wie die Frauen. Geht eine Frau durch die Straßen, verbirgt sie ihr Gesicht hinter kräftigem Musselin, ihre Gestalt unter der Weite ihres Mantels, die Füße in unförmigen Halbstiefeln; in dieser Umhüllung ist die Hässlichste von der Schönsten nicht zu unterscheiden. Doch könnte man den Schleier lüften und den Mantel wegnehmen, welch großartige Huri entschlüpfte dieser unförmigen Puppe!« (Charles Reynaud, 1846).

Baalbek, Jupitertempel

Am 8. Juni 1867 schiffte sich Mark Twain nach Europa ein. Als Korrespondent des *Daily Alta California* sollte er Leserinnen und Lesern von der ersten in Amerika organisierten »Vergnügungsreise« nach Europa und ins Heilige Land berichten. Auf den Spuren von Lamartine erreichte seine Karawane nach Durchquerung des Libanontals auch die Ruinen von Baalbek. Der Journalist war sehr beeindruckt von dem gigantischen Ausmaß der Steinblöcke. Die Blöcke, aus denen die Plattform des großen Sonnentempels zusammengesetzt war, seien jeweils etwa so lang »wie drei hintereinander stehende Straßenbahnwagen«.

Baalbek, der Stein des Südens (vorausgehende Doppelseite)

Die dem Sonnengott Baal geweihte phönizische Stadt Baalbek, die die Griechen Heliopolis nannten, wurde während Kaiser Augustus' Regierungszeit von den Römern erobert, die dort die Tempel des Jupiter, der Venus und des Merkur errichten ließen. Als in den Jahren 1644 und 1750 Erdbeben die Anlage verwüsteten, tauchten darunter die Relikte des sagenhaften Baalbek auf. Der französische Dichter und Politiker Alphonse de Lamartine, der sich 1833 in Baalbek aufhielt, blieb vor dem gigantischen, berühmten Stein des Südens stehen: »Ein einziger dieser Bruchsteine von Baalbek war 72 Fuß lang, 24 Fuß breit und 16 Fuß dick«, schreibt er in *Voyage en Orient*. »Einer unserer Araber rutschte vom Pferd in den Steinbruch hinunter und erklomm diesen Stein, indem er sich an den von Meißeln hinterlassenen Kerben und am Moosbewuchs festklammerte; er bestieg diesen Sockel und lief, wilde Schreie ausstoßend, darauf herum; doch die schiere Masse des Sockels erdrückte ihn praktisch: Der Mensch verschwand im Angesicht seines Werks.«

Baalbek, Jupitertempel

Als Lamartine, den Stein des Südens hinter sich lassend, seinen Weg zwischen Wüste und Antilibanon fortsetzte, entdeckte er etwas, »das keine Feder, kein Pinsel beschreiben kann ... Einige dieser verlassenen Bauwerke schienen intakt und gerade erst fertig geworden zu sein; von anderen standen nur noch Reste, einzelne Säulen, schiefe Mauerstücke und zerschlagene Frontgiebel: Das Auge verlor sich in den glitzernden Kolonnaden der Tempel, und durch den allzu hohen Horizont konnten wir nicht sehen, wo dieses Heer von Steinen endete. Die sechs gigantischen Säulen des großen Tempels, deren reich geschmücktes, kolossales Gebälk sich noch dort befindet, wo es hingehört, beherrschten diese ganze Szene und verloren sich im blauen Himmel der Wüste wie ein in der Luft schwebender Altar, auf dem Riesen ihre Opfer darbringen.«

Syrien

Damaskus, Friedhof von Midan

In muslimischen Städten wurden große Freiflächen, die Reiter zu Trainingszwecken nutzten, als »midan« bezeichnet. Südlich der Befestigungsmauern von Damaskus erstreckt sich der Stadtteil Midan, Ausgangspunkt der jährlichen Pilgerzüge. In unmittelbarer Nähe liegt der größte Friedhof von Damaskus, der an den kleinen grünen Kuppeln erkennbare Bab al-Saghir. Die Muslime beerdigen dort seit dem 7. Jahrhundert ihre Toten. Er beherbergt die Gräber zahlreicher Kalifen und Wissenschaftler und laut Überlieferung auch die Grabstätten mehrerer Begleiter und Nachkommen des Propheten. Die schiitischen Gräber erkennt man an den flach geformten Rücken, die sunnitischen hingegen sind wie Kamelrücken gerundet.

Damaskus, Innenhof des Azem-Palastes

»Ein großer Patio aus Marmor mit einer Brunnenschale in der Mitte, aus der selbst an den heißesten Sommertagen Wasser sprudelt und um sich herum eine herrliche Frische verbreitet. Orangen- und Zitronenbäume verströmen ihren Duft, während die an Spalieren emporrankenden exotischen Blumen und Pflanzen in kunstvoll angelegten Beeten angenehm für Schatten sorgen.« So beschrieb Josias Leslie-Porter 1855 den typischen Hof eines Hauses in Damaskus. Nach dem Vorbild griechisch-römischer Villen besteht er aus einem Innenhof, um den sich verschiedene Räume gruppieren. Im 18. Jahrhundert gab es in Damaskus 150 Paläste. Der Azem-Palast (erbaut 1749) mit seinen gestreiften Mauern aus schwarzem Basalt, weißem Kalkstein und rotem Sandstein gehörte dem Gouverneur der Stadt.

Damaskus, Gerade Straße (links)

Die Straßen von Damaskus verlaufen meist auf alten Römerstraßen, was ihre Geradlinigkeit erklärt. Die berühmteste von ihnen, die Gerade Straße, ist mehr als einen Kilometer lang, durchquert die Stadt von Ost nach West und verbindet zwei Stadttore, das Bab al-Jabiya mit dem Bab Sharqi. Sie ist die Hauptverkehrsader von Damaskus' Altstadt. Mark Twain, der die Straße 1867 entlangritt, machte sich lustig über ihren Namen: »Die Straße, die da heißt ›die gerade‹, ist gerader als ein Korkenzieher, aber nicht so gerade wie ein Regenbogen.« Als der osmanische Gouverneur Midhat Pascha Ende des 19. Jahrhunderts beschloss, die Straße zu erneuern, entschied er sich für eine rasch zum Ziel führende Methode: Er ließ die Gebäude, die die engen Gassen des Viertels säumten, einfach in Brand stecken, und sorgte so dafür, dass der Verwirklichung seines Plans buchstäblich nichts mehr im Wege stand.

Blick auf Damaskus

Generationen von Dichtern haben Damaskus gepriesen, diese Oase, die jedem, der gerade aus der Wüste kam, wie das Paradies auf Erden erscheinen musste, wie ein Garten von der Größe einer ganzen Provinz, den der Barada mit kühlem Wasser versorgte.

Charles Reynaud beschrieb 1846 seine Eindrücke folgendermaßen: »Nach einer strapaziösen Reise durch steinige Schluchten warfen wir auf den Höhen des Antilibanon zum ersten Mal einen Blick auf diese hochgelobte Stadt. Zu unseren Füßen breitete sich eine riesige bewaldete Ebene aus. Am Horizont verlor sich der Blick in der flirrenden Unendlichkeit der Wüste von Bagdad. Zwischen dieser Sandwüste und der Steinwüste des Antilibanon entfaltete sich die ganze Pracht der anmutigen Oase. Die Minarette und Häuser inmitten der Gartenanlagen, die, aus dieser Höhe gesehen, einen leichten Blaustich hatten, wirkten wie eine graue Insel in einem grünen Strom.«

Syrische Beduinenhirten (rechts)

»Ich gehe den langgezogenen Vorort Midan hinunter, unter einem Himmel von unsterblicher Jugend, kreuze Kamele und mit Lanzen oder Gewehren bewaffnete Beduinen, die in langen Reihen einherschreiten, inmitten dieses ganz besonderen, leicht ekelerregenden, mit verlockenden Bildern einhergehenden Duftes, den orientalische Städte verströmen – in diesem Falle Bilder von tierischer Kraft, ephemerer Schönheit, stolzer, gemeiner Grausamkeit. Die Wüstenaraber kommen seit Anbeginn der Zeit nach Midan, um ihre Verkäufe und Käufe zu tätigen. Viele von ihnen tauchen dort zwei-, dreimal im Leben kurz auf, ohne eine Ahnung davon zu haben, in welchem Zeitalter wir leben oder woraus die Welt gemacht ist. Inmitten des Menschengewimmels sind sie doch allein, sitzen erhöht, mit verlorenem Blick in fatalistische Träumereien versunken, oder lagern zu zehnt oder zu zwanzig im Kreis, so schweigsam und aristokratisch wie unser Lamartine oder, besser noch, wie ihre legendären, prachtvollen, von ihm gepriesenen Pferde« (Maurice Barrès, 1923).

Sri Lanka

Colombo

Diese Szene ereignete sich wahrscheinlich mitten im »indigenen« Pettah-Viertel, in dem früher die holländischen Bürger wohnten und das wie kein anderes dem traditionellen Leben verhaftet geblieben ist. Es besteht aus einer Ansammlung von kleinen Läden und flachen Häusern, belebten Straßen, in denen Unmengen altertümliche, von kleinen Zebus gezogene Fuhrwerke mit »Verdecken« aus Kokospalmengeflecht verkehren. Die ceylonesischen Tamilen erkannte man früher an ihrer rudimentären Kleidung: »Der Oberkörper ist nackt, die Hüfte in ein Stück leichten Leinenstoff gewickelt, der Kopf in irgendeinen Lumpen gehüllt, der einen Turban darstellen soll.« Die aus dem Süden der indischen Halbinsel stammenden und häufig als »Kulis« bezeichneten Tamilen erledigten die Schwerstarbeit beim Straßenbau, in den Plantagen und bei der Ernte und waren oft als Hausknechte oder Warentransporteure tätig. »Sie sind pausenlos auf den Beinen, und der über ihren nackten Rücken rinnende Schweiß bildet auf den bronzefarbenen Körpern weiße Perlen« (Léon Cléry, 1893).

Galle, Buddha-Tempel (folgende Doppelseite)

Die weiße Kuppel des Buddha-Tempels wirkt in der üppigen Pflanzenwelt Sri Lankas geradezu knallig. Die Dagoba, in Indien *stupa* genannt, ist ein buddhistisches Denkmal, das häufig eine Reliquie beherbergt. Ihre Kuppel, die *anda* (das »Auge«), die früher vergoldet und mit kostbaren glitzernden Steinen besetzt war, thront auf der *maluva,* einer Terrasse mit umlaufender Säulenreihe, die in rhythmischen Abständen von Portalen durchbrochen ist. Die auf einem viereckigen Sockel sitzende Kuppelspitze krönt ein *chota,* ein kleiner, manchmal vergoldeter Kegel. In den Tempelbezirk ist der Glockenturm einer katholischen Kirche, der letzte Überrest der portugiesischen Kolonialzeit, integriert.

Indien

Südindien, Tempeltänzerinnen

Von den acht Stilen des klassischen indischen Tanzes gilt der in Südindien beheimatete Bharata natyam als der perfekteste. *Bharata* ist die indische Bezeichnung für Indien, und *natyam* bedeutet im Tamilischen »Tanz«. Dieser Tanz wurde früher ausschließlich in Tempeln dargeboten, ausgeführt von *devadasis,* Tempeltänzerinnen, die von klein auf dazu ausersehen waren, Gott als irdische Gattinnen zu dienen.

Er galt als totaler Akt der Unterwerfung und wurde schon im 1. Jahrhundert v. Chr. im *Natya Shastra* (einer Abhandlung über die Grundlagen von Theater und Tanz) kodifiziert. Der Skulpturenschmuck auf Tempelmauern ist nicht selten von den ästhetischen und choreographischen Mustern dieses Tanzes inspiriert. In neuerer Zeit drohte der Bharata natyam in Vergessenheit zu geraten, feierte jedoch, nachdem er aus den Tempeln verschwunden war, im 20. Jahrhundert auf der Theaterbühne ein Comeback.

Bombay, die Universität

»An manchen Ecken sieht es aus wie in London, an anderen wie in Benares oder Shanghai«, stellte André Chervrillon 1891 fest. »Ich sehe altertümliche Wagen, die schwere Ochsen geduldig zwischen Straßenbahnen, Pferdewagen, Tragesesseln und Sänften hindurchziehen.« Ende des 19. Jahrhunderts erlebte Bombay ein enormes Wirtschaftswachstum und beherrschte durch den Export von Baumwolle aus Gujarat den internationalen Handelsmarkt. Die Präsenz der Engländer war überall spürbar, insbesondere in der viktorianischen Architektur, die sich seit den 1860er Jahren auf das alte Fort, die Gestaltung öffentlicher Gebäude und Gartenanlagen auswirkte. Sogar die Straßen hatten englische Namen. Die Universität im gotischen Stil (hier um 1900) besaß einen Garten mit »raffiniert angeordneten« tropischen Pflanzen, der wegen »seines Lichts und seiner Schönheit« geradezu feierlich wirkte. Sie hielt sich viel darauf zugute. Bombay heißt inzwischen Mumbai wie die Hindu-Göttin und Schutzpatronin der Stadt; Straßen und Plätze wurden umgetauft und tragen heute marathische Namen.

Madurai, Gopura des Sri-Minakshi-Tempels (links)

»In Madura, der einstigen Hauptstadt eines prächtigen Königs, gibt es einen Tempel, der Shiva und seiner fischäugigen Gattin, der Göttin Parvati, gewidmet ist; einen Tempel, größer als unser Louvre, unendlich viel kunstvoller gearbeitet, mit mehr Skulpturenschmuck und vielleicht auch voller Wunder ... Morgens ist in der unmittelbaren Umgebung dieses Steinlabyrinths ... eine Menge los. Halbnackte Männer kommen und gehen, das Haar nach den ersten Waschungen triefend nass, mit verträumtem Blick, ins Gebet versunken. Die heiligen Elefanten, die heiligen Kühe in den dunklen Durchgängen, die Vögel des Himmels, die auf den Türmen nisten, auf roten, mehrgeschossigen Pyramiden, all das vibriert und tummelt sich im klaren Morgen ...« Anders als Pierre Loti dachte, ist das Gebiet innerhalb der Umfassungsmauern des Doppeltempels Minakshi Sundareshvara nur halb so groß wie der Louvre. Das Heiligtum besitzt indessen zwölf fast identische Gopurams – Eingangstürme. Wie hier zu sehen, sind sie über und über mit Skulpturen geschmückt, die Götter und Gestalten aus der hinduistischen Mythologie verkörpern.

Agra, das Rote Fort

Shah Jahan (1592–1666) finanzierte nicht nur den Taj Mahal von Agra – wir verdanken ihm auch die meisten Baudenkmäler innerhalb des Roten Forts, der Festung, die Kaiser Akbar als Machtsymbol der Großmogule 1565 bis 1574 errichten ließ. Hinter den »blutfarbenen« Mauern »erahnt man so etwas wie eine Alhambra in weißer Spitze, einen Traumpalast …: Dort oben lebten die Großmogule und ihre Sultane, … unerreichbar und versteckt inmitten des weißen, transparenten reinen Marmors« (Pierre Loti, 1903). Über eine breite Rampe gelangt man in den Hof der öffentlichen Audienzhalle (Diwan-i-Am). Dort fanden die kaiserlichen Durbars statt, bei denen der Herrscher die bedeutenden Würdenträger des Reichs, so zum Beispiel die Botschafter mit amtlichem Auftrag, um sich versammelte. In der erhöhten Loge stand der weiße Marmorthron Shah Jahans, den Loti bei seinem Besuch dem Hofnarren unterjubeln wollte und dies so rechtfertigte: »In jenen Zeiten waren politische Versammlungen offenbar eine so ernsthafte Angelegenheit, dass sich die Hinzuziehung eines Narren durchgesetzt hatte, der für geistige Entspannung sorgen sollte. Jeder weiß, dass es bei heutigen Versammlungen unnötig erscheint, jemanden extra mit dieser Aufgabe zu betrauen.«

Die Grotten von Karli (rechts)

In der Tempelanlage, die buddhistische Mönche im 1. Jahrhundert v. Chr. in die Flanke des Berges Karli hineinbauten, ist eines der außergewöhnlichsten Beispiele religiöser Felsenarchitektur zu bewundern: die Tempelhalle, deren stilistische Strenge an die Nüchternheit von Zisterzienserklöstern erinnert. Lauschen wir Loti: »Männer, die von etwas Gewaltigem, Monumentalem träumten, verbissen sich einst jahrhundertelang in diese Granitberge … Um das Jahr 1000 unserer Zeitrechnung, so der der Araber Macoudi …, habe man diese Grotten hoch gerühmt, und zahllose Pilger aus ganz Indien seien unablässig dort zusammengeströmt. Inzwischen sind sie verlassen … In Einsamkeit und Stille überdauern sie auf unbestimmte Zeit – im Inneren eines Landes, aus dem das Leben sich davonstiehlt.«

Delhi, das Viertel Chandni Chowk

Chandni Chowk ist das Geschäftsviertel des alten Delhi. Es besteht aus einer langen, engen, sehr belebten Straße mit zahlreichen kleinen Läden, in denen es vor Menschen nur so wimmelt. Vom Sari über die verschiedensten Gerätschaften bis zu Gewürzen, Elfenbein, Parfüm – alles ist zu verkaufen, um alles wird gefeilscht. Fußgänger, Radfahrer, Pferdekutschen, heutzutage auch Autos und Lastwagen verstopfen die Straße, auf der auch Kühe frei herumlaufen.

Delhi, Qutb Minar (links)

1900 war der Qutb Minar mit seinen 72,50 Metern Höhe das höchste Minarett der Welt. Einem zeitgenössischen Reiseführer zufolge »kann nur der Eiffelturm eine Ahnung davon vermitteln, welchen Eindruck man hat, wenn man am Fuße dieses Monuments aus rotem Sandstein steht«, das Qutb-du-Din Aibak ab 1193 errichten ließ, um nach dem Sieg der Muslime über die Hindus Nordindiens ein Zeichen zu setzen. Der perspektivische Effekt wird noch dadurch gesteigert, dass der Zylinder sich nach oben hin verjüngt. Auch die Verzierungen erregen Staunen: Die einzelnen Stockwerke schmücken Kanneluren und Arabesken; davor zeichnen sich massive, ornamentierte Balkone ab. Von der Spitze aus, die man über eine Wendeltreppe mit 379 Stufen erreicht, überblickt man die ganze Ebene und die Stadt Delhi bis zu den Ausläufern von Bindraband.

Jaipur, Maharadscha-Palast

Jaipur, die Hauptstadt des indischen Bundesstaates Rajasthan, des »Landes der Könige«, ist das Werk des Hobbyastronomen und Maharadschas Jai Sing II. 1727 vertraute er die Pläne für seine neue Metropole einem bengalischen Priester an, der in die Geheimnisse der Sakralarchitektur eingeweiht war. Erst kurz vor dem Besuch des Prinzen von Wales im Jahr 1876 erhielt Jaipur seinen einzigartigen rosa Anstrich. In seinem Buch *Season of the Monsoon* beschreibt der amerikanische Schriftsteller Paul Mann den Palast des Maharadscha: »Ein majestätisches Ensemble aus Türmen, Türmchen, Zinnen, das den drei Kilometer weit entfernten Pass beherrschte, so theatralisch und so unwahrscheinlich wie ein Bild aus einem Kinderbuch … Als der Wagen hielt, öffnete sich eine kleine Wachtür, um einem Bediensteten durchzulassen, der eine Tunika und einen Turban trug … Die drei Besucher durchschritten die kleine Tür im Gänsemarsch – und fanden sich in einem dunklen Tunnel wieder, den kleine, leere Bretterbuden vom früheren Basar des Palastes säumten. Dort hatten die Frauen und Konkubinen des Maharadschas – er besaß bis zu zweihundert – einst ihren Schmuck, ihr Parfüm und ihre Seide verkauft. Dieser Gang verströmte den Geruch sehr alter und verlassener Orte.«

Gwalior, Teli-ka-Mandir

Laut einer Legende wurde die Stadt Gwalior im 8. Jahrhundert von dem rajputischen Radscha Suraj Jen gegründet, um den Einsiedler Gwalipa zu ehren, der ihn von der Lepra geheilt hatte. Hundert Meter weiter oben auf einer Sandsteinklippe thront die berühmte Festung Gwalior. Man erreicht sie über zwei in den Felsen geschlagene Auffahrten. Als Pierre Loti sie im Jahr 1900 auf dem Rücken eines Elefanten erreichte, staunte er nicht schlecht über diese riesenhaften, erschreckenden Bauwerke »am Rande des Nichts«, die »den Bergkamm nach oben verlängern«. Das befestigte Plateau steht voller Paläste und Tempel. Louis Rousselet beklagte 1876 die Verwüstungen, die die Zeit und der »Vandalismus« englischer Ingenieure einer der großartigsten Kulturstätten Indiens angetan hätten. Mitten in den Ruinen steht der massive, reich geschmückte Tempel Teli-ka-Mandir, der Tempel der Kaste der Händler, ein seltenes Beispiel des brahmanischen Kultes.

Benares, die Ghats und der Maharadscha-Tempel von Indore (folgende Doppelseite)

Dreifaches Glück genießen jene, deren Leben sich in Benares vollendet, der Stadt Shivas: Ihre Seele gelangt direkt ins Paradies. In Benares gibt es 64 Ghats – der Zahl der Vollkommenheit entsprechend –, stufenartig angelegte Uferbefestigungen des Ganges, wo Leichenverbrennungen stattfinden und Gläubige sich rituellen Waschungen unterziehen. Auf dem Kai strömen Pilger zusammen: Wenn sie den Brahmanen ihren Obolus entrichtet haben, die unter ausladenden Sonnenschirmen Reinigungszertifikate ausstellen, Gebetsschnüre und Amulette verkaufen und Ablässe erteilen, tauchen sie ins heilige Wasser, am liebsten im Licht der ersten Sonnenstrahlen. Loti fielen am Ganges die sich kilometerweit aneinanderreihenden Paläste auf, die »am Ende riesiger Treppen thronen. Jeder Radscha hat hier seine Residenz; von dort aus begibt er sich zu den großen religiösen Festen.«

Kalkutta, am Ufer des Hugli

»Schließlich gelangen wir zur Mündung des Hugli; sein Wasser ist von Erde geschwängert, die der Ganges und der Brahmaputra den Ebenen von Industan, den Hängen des Himalaja entrissen haben … Gemächlich fahren große Schiffe vorbei, mächtige Dampfer, die in England, Amerika, Australien zu Hause sind« (André Chevrillon, 1891). An den Ufern des Hugli, eines Mündungsarms des Gangesdeltas, wurde einst die Stadt Kalkutta gegründet. Ursprünglich gab es dort nur drei kleine Dörfer: Kalikata, Sutanuti und Govindapur. Am 24. August 1690 erhielt Job Charnock, Angestellter der Britischen Ostindischen Kompanie, die Erlaubnis, in Sutanuti eine Fabrik zu bauen, und ab 1698 durfte die Kompanie die Grundsteuern von Sutanuti, Kalikata und Govindapur eintreiben. Aus diesem Grund wurden die drei Orte zu einem einzigen vereint, den man Kalkutta taufte. Dass das Gangesdelta für die Anlage von Häfen geradezu prädestiniert war und Hochseeschiffe dort sicher vor Anker gehen konnten, war eine wichtige Voraussetzung für den wirtschaftlichen Aufschwung der Stadt, die 1772 politische Hauptstadt des britischen Kolonialreichs in Indien wurde.

Die Ghats von Kalkutta

Wie in Benares sind auch in Kalkutta zahlreiche Kais zu Ghats ausgebaut. An manchen (den so genannten *burning ghats*) finden ausschließlich Leichenverbrennungen statt, andere, wie dieser hier, sind dem rituellen Bad vorbehalten. Sie werden jeden Morgen von gläubigen Hindus aufgesucht, die ihren Körper im Ganges reinigen wollen. Das Wasser dieses heiligen Flusses gilt als keimtötend. »Babu«, der heutzutage am meisten frequentierte Ghat, ist einer der ältesten von Kalkutta und wurde 1830 von dem reichen Kaufmann Raj Chandra Doss angelegt. Nach ihren rituellen Waschungen begeben sich die Menschen zu den recht betriebsamen »Ruheplätzen« unter den ziselierten Arkaden. Dort lassen sie sich von Barbieren herausputzen, massieren einander oder vertrauen ihren Körper den geübten Händen eines professionellen Masseurs an. Wenn die Sonne zu stark vom Himmel brennt, werden große Leinenmarkisen vor den Arkaden ausgespannt. Außerhalb des Arkadenganges haben sich Kleinhändler niedergelassen, die billige Schmuckgegenstände, Weihrauch und Blumen verkaufen.

Malaysia

Kampong Bahru bei Singapur

Im Jahr 1826 wurden die Orte Singapur und Malakka sowie die Insel Penang zu den Straits Settlements – Kolonien der Britischen Ostindien-Kompanie in Ostasien – vereinigt, bevor Singapur 1867 britische Kronkolonie wurde. Historisch außergewöhnliche Umstände, die fast zeitgleiche Eröffnung des Suezkanals (1869) und der Aufschwung der Dampfschifffahrt, trugen dazu bei, Singapurs »Berufung« zum Seehafen zu untermauern. Dieses Photo ist ein einzigartiges Dokument zweier nebeneinander existierender Welten, die einander doch ignorierten: Gegenüber der Reede des Hafens von Singapur, in der Passagierschiffe aus der ganzen Welt ankern, sind die traditionellen *kelong* (Plattformen zum Fischen) und ein aus Pfahlbauten errichtetes *kampung* (Fischerdorf) zu sehen.

Singapur, Cavenagh Bridge

Die einzige Hängebrücke Singapurs, die das Viertel am Nordufer des Singapur-Flusses mit dem südlichen Geschäftsviertel verbindet, ist zugleich die älteste in ihrer Originalform erhaltene Brücke der Stadt. Bevor sie gebaut wurde, musste man auf die Elgin Bridge ausweichen oder sich für einen Duit (¼ Cent) mit dem Boot übersetzen lassen. Die vom Kolonialministerium für öffentliche Arbeiten entworfene Brücke wurde in Glasgow gebaut. Dort testete man auch, ob sie einer Belastung standhalten würde, die dem Vierfachen ihres Eigengewichts entsprach, bevor man sie, in Einzelteile zerlegt, mit dem Schiff nach Singapur transportierte und zusammenbaute. Zu Ehren des letzten für die Verwaltung der Straße von Singapur zuständigen Gouverneurs wurde sie »Cavenagh Bridge« getauft und 1870 für den Verkehr freigegeben. Schon wenig später benutzten immer mehr Rikschas und Ochsenwagen die Brücke, und bald erlag sie ihrem eigenen Erfolg und wurde mit dem steigenden Verkehrsaufkommen kaum noch fertig. 1910 beschloss die Regierung als Entlastungsmaßnahme den Bau der Anderson Bridge, und die Cavenagh Bridge wurde zur Fußgängerbrücke.

Singapur, Tanglin Road (rechts)

Für den kundigen Europäer (also jenen, der die Fernostabteilung der Weltausstellung von 1889 besucht hatte) war sie das unvermeidliche Symbol Asiens von Indien bis China: die Rikscha, ein von ein oder zwei Personen gezogener Wagen, aus einem Sitz auf zwei Rädern und einem Verdeck bestehend. Als leichtes und schnelles Transportmittel war sie ideal, um sich im riesigen Bambuswald des botanischen Gartens von Singapur zu verlieren. Das Blattwerk der üppigen Vegetation wuchert bis in die Tanglin Road hinein.

China

Der Sommerpalast in Peking, von Osten aus gesehen

Die Qing-Dynastie bescherte den kaiserlichen Gartenanlagen Chinas ein neues Goldenes Zeitalter. Insbesondere Kaiser Qianlong (Regierungszeit: 1735–1799), der zuweilen auch »Gartenkaiser« genannt wird, erhob seine Leidenschaft für die Gartenkunst zum Lebensstil: »Wenn ein Kaiser oder ein Staatsmann seine Audienzen beendet und seine Aufgaben erfüllt hat, braucht er einen Garten, in dem er flanieren, mit den Augen umherschweifen und seinem Herzen Freude bereiten kann.« Das Gelände der kaiserlichen Residenz wird zu zwei Dritteln vom Kunming-See eingenommen. Darum herum ließ Qianlong den unter der Regentschaft von Kaiser Kangxi (1662–1722) begonnenen und während der Plünderung des Sommerpalastes 1860 teilweise zerstörten Yuanming Yuan, den »Gartens der Vollkommenheit und des Lichts«, neu anlegen. Dieses Bild zeigt zwei charakteristische Kompositionselemente des chinesischen Gartens: Hügel und Wasser. Der See mit der gewundenen Uferlinie und die seltsam geformten durchlöcherten Steine, die auch in der chinesischen Landschaftsmalerei so oft auftauchen, laden zum Meditieren ein.

Peking, Sommerpalast und Jadebandbrücke

Entlang des Westdammes, der den Kunming-See in Nord-Süd-Richtung durchquert, reihen sich sechs Brücken aneinander. Die schönste von ihnen ist die bogenförmige Jadebandbrücke (Yu Dai Qiao) aus weißem Marmor und Granit. Die kaiserliche Familie benutzte sie, wenn sie sich vom Kunming-See zur Jadequelle begab. Sie ist so steil, dass sie mit Steinstufen ausgestattet werden musste.

Peking, Sommerpalast und Marmorboot

»Wenn Wasser ein Schiff tragen kann, kann es auch dessen Untergang verursachen.« Als Reaktion auf dieses Sprichwort hatte Qianlong 1755 ein erstes Marmorboot im chinesischen Stil konstruieren lassen: Er wollte damit zum Ausdruck bringen, dass die Qing-Dynastie so solide war wie Marmor und nicht zu Fall gebracht werden konnte. Nach der Zerstörung dieses monumentalen Wasserfahrzeugs im Jahr 1860 während der anglofranzösischen Besatzung ließ die Kaiserwitwe Cixi mit Geldern, die eigentlich der Modernisierung der chinesischen Marine hatten zugute kommen sollen, ein neues Marmorboot im westlichen Stil bauen. Der Aufbau ist 36 Meter lang und gleicht einer aufgesetzten Pergola; der Rumpf erinnert an einen Raddampfer vom Mississippi. Die untere Brücke wurde mit bemalten Backsteinen gepflastert, die Fenster mit bunten Scheiben und Mosaiken verziert. Auf diesem »Schiff der Klarheit und Behaglichkeit«, das für immer am Westufer des Kunming-Sees vertäut ist, nahm Cixi ihren Tee und im Sommer manchmal ihren abendlichen Imbiss ein.

Neuseeland

Kotau Point (Knights Point), Westküste

Neuseeland besitzt siebenhundert Inseln und 15 000 Kilometer Küstenlinie. Wo auch immer man sich befindet – Meer und Berge sind immer in der Nähe, und genau das macht dieses Land so spektakulär. Im Westen der Südinsel, dem heutigen Nationalpark Westland, ist die Küste am wildesten. James Cook bezeichnete sie als »ungastlich«, und sie blieb unbewohnt, bis 1864 am Greenstone Creek die ersten Nuggets gefunden wurden. Innerhalb kurzer Zeit fielen zahlreiche Goldwäscher über diese »Wüste mit dräuendem Himmel und undurchdringlichem Wald« her und gestalteten sie etwas gastlicher. Bei Knights Point ist die Küste besonders beeindruckend. Aus der Luftperspektive gleicht die Ebene von Haast, eine der schönsten Naturlandschaften Neuseelands, einem Labyrinth aus bewaldeten, mit Seen gesprenkelten Dünen.

Auckland, Blick vom Saint Matthews Tower

Die auf einer Landenge erbaute Stadt Auckland bildet mit ihrer zerklüfteten Küstenlinie fast eine Insel. An ihrer engsten Stelle ist sie nur 1,3 Kilometer breit, und wer gut zu Fuß ist, braucht nicht länger als zwanzig Minuten, um die Stadt zu durchqueren. Es war der Missionar Reverend Samuel Marsden, der hier 1820 eine Siedlung gründete, die im Jahr 1840 durch den Gouverneur William Hobson nach seinem Vorgesetzten, dem Generalgouverneur von Indien, George Eden, 1st Earl of Auckland benannt wurde. Wenn es um Grund und Boden ging, kannten die Kolonisten keine Skrupel: Sie speisten die Maoris, die einen anderen Begriff von Individualeigentum hatten, mit ein paar westlichen »Luxusgütern« ab (Decken, Hosen, Gewehre ...), während diese sich in dem Glauben wiegten, ihr Land lediglich verpachtet zu haben. So führten zahlreiche Grundstücksgeschäfte zu Auseinandersetzungen zwischen den Pakehas (Europäern) und Maoris. Manche sind bis heute nicht beigelegt.

Mahinapua Creek, Westland

In diesem Wald aus Kahikateas (Sumpfzypressen) und Rimus (Trauerzypressen) im Süden von Westland herrscht eine subtropische Atmosphäre. Die Kronen dieser Sumpfgewächse bevölkern ganze Kolonien weißer Reiher. Mahinapua Creek, ein schwimmender Wald im wahrsten Sinne des Wortes, ist ein idealer Ort zum Fischen oder Kanufahren: Das Boot, das man hier sieht, »kriecht dahin wie eine Natter zwischen dichten Pflanzen«. Wer möchte, kann das Dampfboot nehmen und auf den Spuren der Goldsucher von Hokitika – der Stadt mit den »goldgepflasterten Straßen« – den Fluss hinunterfahren bis zum Lake Mahinapua.

Mitre Peak und Sinbad Gully, Milford Sound

An der Südwestküste der Süd- oder »Jadeinsel« gibt es Landschaften von unübertroffener Erhabenheit. Rudyard Kipling bezeichtete den Milford Sound als »achtes Weltwunder«. Das Panorama spricht für sich: Ein tiefer Fjord – der Sinbad Gully – erstreckt sich am Fuße einer schroffen Felspyramide – des 1692 Meter hohen Mitre Peak, dessen Namen sich seiner Ähnlichkeit mit einer Bischofsmütze verdankt.

Das Tal beim Sinbad Gully ist das letzte Refugium des Eulenpapageis oder Kakapo, des einzigen flugunfähigen Papageis, den es auf der Welt gibt. Als ein paar Forscher 1860 die Westküste erkundeten, beklagten sie sich, wegen des nächtlichen Radaus, den ein balzendes Papageienmännchen verursachte, nicht schlafen zu können. Zwanzig Jahre später bedrohte eine ganze Invasion von Schiffsratten die Gegend (ihre Vorfahren waren einst von Cooks Schiffen desertiert!). Heute ist der Zugang zum Sinbad Gully untersagt, um den vom Aussterben bedrohten Eulenpapagei zu schutzen.

Pohutu-Geysir in Whakarewarewa

Den Pionieren, die auf der Nordinsel Neuseelands gelandet waren, musste die Gegend um Rotorua wie die Hölle auf Erden erscheinen: »Die großen Geiser von Whakarewarewa, drei Meilen von hier, versetzen in Dantes Inferno. Der Qualm blendet, die Hitze erstickt, der Lärm betäubt die Besucher. An den Arm eines Maori geklammert, blickt er in den gähnenden Pfuhl, der ihn zu verschlingen droht« – so schilderte Alexander Freiherr von Hübner seinen Eindruck. Auch George Bernard Shaw, der Whakarewarewa 1934 einen Besuch abstattete, konnte sich der infernalischen Atmosphäre nicht entziehen: »Ich war froh, den Hades so sehr aus der Nähe sehen und doch zurückkehren zu können.« Trotz alledem ziehen diese Phänomene vulkanischen Ursprungs, denen die Nordinsel ihren Namen »rauchende Insel« verdankt, seit der Viktorianischen Epoche unaufhörlich neugierige Touristen und Kurgäste an. Das erste Sanatorium von Rotorua wurde 1880 erbaut. Nur wenige Kilometer weit entfernt liegen die Thermalfelder von Whakarewarewa – deren exakter Name »Whakarewarewatanga-o-te-a-Wahiao« »die Aushebung einer Kampftruppe von Wahiao« bedeutet. Dort kann man den beeindruckendsten Geysir Neuseelands bestaunen: Seine Fontänen schießen bis zu dreißig Meter in die Höhe. Am 8. Januar 1903 gab es eine mehr als zweistündige Eruption; dieser Rekord ist bis heute nicht eingestellt.

Lake Te Anau, South Fiord

Der Te-Anau-See erstreckt sich über eine Länge von 120 Kilometern vom Milford Sound bis zum äußersten Südwesten der Südinsel. Mit einer Fläche von 344 Quadratkilometern ist er – nach dem Lake Taupo – der zweitgrößte See Neuseelands. Drei majestätische Fjorde graben sich in seine Ufer ein, die zahlreichen bedrohten Vogelarten Schutz bieten. Neuseeland ist berühmt für seine grandiosen Panoramen, und dieser Sonnenuntergang über dem Lake Te Anau kann diesen Ruf nur bestätigen. »Der See ist Silber und mattes Gold. Im Hintergrunde der Landschaft, gegen Nordwest, gleichsam als Rahmen der glänzenden Wasserfläche, zeichnen, durchsichtig schwarz, mächtige Berge ihre zackigen Umrisse auf den unten orangefarbigen, dann rosigen, weiter hinauf blassblauen Abendhimmel. Die dazwischenliegenden Abstufungen spotten der Beschreibung« (Alexander Freiherr von Hübner, 1886).

Maori-Frau, »Sweet seventeen« (links)

Das Moko, die vollständige Tätowierung des Gesichts, hat bei den Maori eine wichtige Bedeutung. Männer tragen diesen Schmuck als Zeichen hohen gesellschaftlichen Ranges. Frauen hingegen dürfen sich erst nach der Eheschließung tätowieren lassen und müssen sich dabei auf Lippen oder Kinn beschränken. Für junge Frauen verbietet es sich ganz, gilt doch die »Jungfräulichkeit« der Lippen als Zeichen für die Jungfräulichkeit des Körpers. Die festliche Tracht dieser jungen Frau zeigt ihren Respekt gegenüber der Tradition: Sie trägt einen Umhang aus Phormium tenax (Neuseeländer Flachs) mit dekorativem Fransenmuster *(taniko)* und im Haar eine Schmuckfeder *(huia)*. In der Gesellschaft der Maori obliegt die Bearbeitung solcher Materialien den Frauen: Sie flechten Decken und Körbe aus Flachsblättern oder weichen sie in Thermalwasser ein, um daraus Fäden zu gewinnen, die zur Herstellung der Festkleidung dienen. Aufgeweichte, geschmeidig gemachte und gebleichte Flachsfasern sind so haltbar, dass man sie zu Seilen verarbeiten und zum Fixieren von Holzbauteilen (von Häusern und Pirogen) verwenden kann.

Kanada

Blick auf Québec und das Château Frontenac

Wer mit dem Zug aus den Vereinigten Staaten nach Kanada reiste – und um 1900 gab es kaum eine andere Möglichkeit –, musste bei Levis den Sankt-Lorenz-Strom überqueren, um Québec zu erreichen. Auch Stefan Zweig gelangte im Mai 1911 auf diesem Weg in die »alte Hauptstadt von Neufrankreich«, deren Silhouette sich ihm wie uns mit der Terrasse Dufferin und dem Château Frontenac im Vordergrund präsentierte. Mit dem einzigen Unterschied, dass Québec im Mai 1911 im Schnee ertrank! »Und das ist nun grandios zu sehen, wie dieser ungeheure Strom von einem Ufer zum andern zu einem einzigen Eisblock gefroren ist«, begeisterte sich Zweig. »Große Dampfer sind in der grünen Decke fest gefangen, kleinere Segelschiffe bis hoch an den Mast hinauf mit Eis überkrustet, wie umhüllt von einer gläserner Decke.« Der Anblick erfüllte ihn aber auch mit Melancholie: »Ich weiß nichts Rührenderes in unserem heutigen Weltbild als diese einsamen Sprachinseln, die sich durch Jahrhunderte treu erhalten haben und nun leise abbröckeln, die trotzig und doch hilflos ihrem Untergang entgegengehen.« In diesem Punkt sollten sich die pessimistischen Visionen Zweigs nicht bewahrheiten: Beim Kampf um die Bewahrung der eigenen Identität und Sprache waren die Québecer erfolgreich: Montreal, die Hauptstadt der Provinz Québec, ist heute nach Paris die zweitgrößte frankophone Stadt der Welt.

SOUTH

Montreal, Place Jacques-Cartier

Die Place Jacques-Cartier ist noch heute der belebteste Platz von Vieux Montréal. Um 1900 wurde dort regelmäßig ein großer Markt abgehalten, auf dem die Bauern aus den umliegenden Dörfern Getreide, Honig, Bier und die andere landwirtschaftliche Erzeugnisse aus eigener Herstellung verkauften. Der Platz liegt im historischen Zentrum der »Speicherstadt« – wie ein Reiseführer Montreal einmal nannte – und gilt nach wie vor als etwas Besonderes. Im Sommer treten vor den Terrassen der Restaurants, in denen, ganz der französischen Tradition verpflichtet, auch Schnecken serviert werden, Musiker und Zauberer auf. Die weiße Marmorsäule ganz hinten auf dem Photo ist indessen englischer Herkunft: Sie wurde 1809 errichtet und erinnert an den Sieg Admiral Nelsons über Napoleons Truppen bei Trafalgar. Die nötigen Mittel für dieses Denkmal soll, so heißt es, die Glaubensgemeinschaft der Sulpizianer beschafft haben, die sich damit der Gunst der britischen Regierung versichern wollte.

Québec, Rue Sous-le-Cap (links)

Die Rue Sous-le-Cap in der Unterstadt beim alten Hafenviertel ist die schmalste Straße Québecs. Wenn der Sankt-Lorenz-Strom seinerzeit über die Ufer trat, überflutete er alles, was ihm in die Quere kam. Deshalb verlegte man in weiser Voraussicht Holzpflaster auf der Straße, das widerstandsfähiger war als Stein. Die Häuser wurden in Abständen überdies mit Stegen verbunden (einer ist auf dem Bild zu sehen), über die man während der Überschwemmungen »trockenen Fußes« von einem Gebäude ins andere gelangte.

Montreal, Château Ramezay

Dieses unspektakuläre Gebäude ist das Château Ramezay, das sich Gouverneur Claude de Ramezay 1705 als Residenz erbauen ließ. Es gelangte zunächst in den Besitz der Französischen Indien-Kompanie, diente anschließend als Militärunterkunft, Justizpalast und dann wieder als Gouverneursunterkunft. 1893 bot die Regierung es zum Verkauf an. Der einflussreichen Société d'archéologie et de numismatique von Montreal ist es zu verdanken, dass das Schloss mit knapper Not der Spitzhacke der Abbrucharbeiter entging. Sie brachte die Stadt dazu, das Gebäude zu erwerben, und versprach, als Gegenleistung ein Museum, eine Porträtgalerie und eine Bibliothek darin einzurichten. So entstand 1895 das älteste historische Museum der Provinz Québec. Ausgebaut und mit einem Türmchen versehen, beherbergt es nun eine Sammlung von 30 000 Objekten, Manuskripten, Drucken, Medaillen, Kunstwerken, Graphiken und Mobiliar. 2006 erhielt es den Prix Ulysse mit einer »besonderen Würdigung seiner vorzüglichen Dossiers und Maßnahmen zur Förderung und Erschließung des Gartens« (der im Jahr 2000 neu angelegt und eingeweiht wurde).

Niagara, Horseshoe Falls (rechts)

Stellen Sie sich vor, Sie lebten gegen Ende des 19. Jahrhunderts in Mitteleuropa, vielleicht sogar in Nordamerika in Miami oder Dallas, und erhielten von einem Freund dieses Photo von den Niagara-Fällen … Selbst wenn Sie Chateaubriand oder seinen Zeitgenossen James Fenimore Cooper – den Autor des *Letzten Mohikaners* – gelesen hätten, selbst wenn Sie eines der einschlägigen Reisemagazine abonniert hätten wie zum Beispiel *Le Tour du Monde* – nie und nimmer wäre Ihnen ein solches Bild untergekommen oder in Ihren Träumen erschienen. Diesen rötlichen Schimmer und die Reflexe, die die Wintersonne auf den jungfräulichen Schnee und die Eiszapfen der Kaskade zaubert, konnte einzig und allein ein Photochrom zum Ausdruck bringen.

Vereinigte Staaten

Colorado, Georgetown Bridge

»Ich liebe Amerika, ich liebe seine großartige Natur, seine mächtigen Berge, seine majestätischen Flüsse, seine tosenden Wasserfälle, seine großen Seen, seine unendlichen Prärien, seine immergrünen Wälder … Voller Bewunderung verfolge ich, wie jene unermüdlichen Forscher die Neue Welt erobern, indem sie sich ins Polareis, in glühendheiße Ebenen, verschneite Bergketten …, Wüsten, überallhin wagen. Schließlich beobachte ich mit lebhaftem Interesse, wie diese leidenschaftliche Bevölkerung kämpft … und erahnen lässt, welche Rolle dieses großartige Land innerhalb des Weltengefüges eines Tages spielen wird.« Diese Hommage an die Neue Welt stammt von dem Franzosen Richard Cortambert (1836–1884) und ist in ihrer Spontaneität und Hellsichtigkeit außerordentlich berührend. Beim Anblick dieses kühnen Eisenbahnviadukts, das den Arkansas River bei Georgetown überspannt, kommen einem Cotamberts Worte unwillkürlich in den Sinn. Abschnitt für Abschnitt trieb man die Trasse der Royal Gorge Route Railroad mitten durch die Rocky Mountains. Ihr Bau dauerte mehr als zehn Jahre. Um entlang der (achtzig Meter hohen) Granitwände die Erde bis in den Fluss hinein aufschütten zu können, musste der Fels gesprengt werden. Die Brücke wurde um 1890 fertiggestellt.

Old Oraibi (Arizona), Thanksgiving-Tanz

Das um 1150–1160 gegründete Dorf Old Oraibi ist das älteste Indianerdorf der Vereinigten Staaten. Bis 1907 war es der Lebensmittelpunkt der Hopi-Indianer, die sesshaft in Pueblos lebten und immer wieder in Konflikte mit den nomadisierenden Navajos gerieten, die aus Kanada eingewandert waren und heute die bedeutendste Indianergemeinschaft in den USA darstellen. Thanksgiving feierten die Hopis ursprünglich natürlich nicht, und so ist es nur zu verständlich, dass es zwischen ihnen und den Missionaren zu Auseinandersetzungen kam. Auf jeden Fall wurde das Dorf Old Oraibi infolge von religiösen Unstimmigkeiten aufgegeben. Die amerikanische Regierung wies den Hopi ein Reservat zu, das südlich des Colorado River wie eine Insel mitten im Navajo-Land liegt. Sie pflegten auch weiterhin ihre rituellen Zeremonien, Feuer-, Adler- und Schlangentänze, von denen sie die Besucher des Navajo-Reservats, so gut es ging, fernzuhalten versuchten. Dieses Bild wurde 1874 von William Henry Jackson, einem Pionier der amerikanischen Photographie, aufgenommen. Indianer zu photographieren gehörte zu Jacksons Steckenpferden: 1877 hatte er bereits tausend Negative zusammen, von denen er eine Auswahl im *Descriptive Catalogue of the photographs of North American Indians* publizierte.

Bright Angel Canyon, Arizona (oben und folgende Doppelseite)

Der Grand Canyon in Arizona war bereits Ende des 19. Jahrhunderts eine Touristenattraktion: 1892 eröffnete ein erstes Hotel, 1901 wurde die Grand Canyon Railway in Betrieb genommen. Dieses Bild von William Henry Jackson entstand wahrscheinlich um 1883. Touristen reiten unter Führung eines Cowboys die Serpentinen des Bright Angel Trails zum Bright Angels Point hinab – einem der besten Aussichtspunkte auf der Nordseite des Canyons. Das Panorama (folgende Doppelseite), das man von der Südseite aus vor Augen hat, verschlägt einem schier die Sprache: Der amerikanische Autor John McCuncheon schrieb, dass ihm »beim Anblick dieser ungeheuren Dimensionen und Gipfel gigantischer Berge, die in allen Regenbogenfarben schillerten, vor Verblüffung der Mund offen stehen« geblieben sei. Anderen wurde schwindlig, manche fielen auf die Knie (oder verliebten sich), wieder andere brachen in Tränen aus. Ein Ingenieur, der den Grand Canyon als Tourist besuchte und sprachlos vor einem Hohlraum von dreizehn Meilen Umfang und einer Meile Tiefe stehen blieb, bot an, das Loch für einen Dollar pro dreiviertel Kubikmeter zuzuschütten. 1919 wurde der Grand Canyon Nationalpark. Er gehört zu den Weltwundern der Natur.

Yellowstone-Nationalpark, Sapphire Hot Springs

Der Yellowstone National Park ist der älteste Nationalpark der Vereinigten Staaten: Er wurde bereits 1872 gegründet, also mehr als vierzig Jahre früher als der Grand-Canyon-Nationalpark. Der amerikanische Trapper John Colter, der an der berühmten Expedition von Lewis und Clarke (1804–1806) teilnahm, entdeckte vermutlich 1807 als erster Weißer die heißen Quellen am Yellowstone. Doch als er später von Geysiren und Schwefeldämpfen berichtete, schenkte niemand ihm Glauben, und im Volksmund hieß der Yellowstone fortan »Colter's Hell« (Colters Hölle). Erst die Photographien von den Mammoth Hot Springs, die Henry Jackson im Auftrag des US Geological Survey (Geologischer Dienst der Vereinigten Staaten), einer Behörde des US-Innenministeriums, 1870–1871 anfertigte, erbrachten den Beweis für die Existenz dieser Naturphänomene und veranlassten den Kongress, das Yellowstone-Gebiet unter Schutz zu stellen.

Chippewa-Indianer, genannt »Arrowmaker« (Pfeilmacher; links)

»Die Amerikaner wissen nicht, wie sie mit dieser wahrhaft wilden [indianischen] Rasse umgehen sollen, zu der sie auch nach zwei Jahrhunderten versuchter Missionierung keinen Zugang gefunden haben«, notierte der Schriftsteller Jules Huret bei seiner Rückkehr aus Amerika im Jahr 1908. »Sie treiben sie bloß jedes Jahr weiter nach Westen in die Wüste ..., teilen ihnen immer schlechteres Land zu; [die Indianer] gehorchen, doch sie beklagen sich bitter.« Die Chippewa lebten in der Nähe der kanadischen Grenze am Saint Mary's River in Michigan am Südufer des Oberen Sees. Sie ernährten sich vom Fischfang und vom Pelzhandel und flitzten mit ihren Kanus durch die Stromschnellen. Ihre Heimat verließen sie nicht nur, weil es anderswo mehr Pelztiere zu jagen gab. »Hunderttausend Jahre sind vergangen, und doch höre ich den fernen Klang der Trommeln meines Vaters«, schrieb 1966 die Indianerin Shirley Daniels, Bewohnerin des Chippewa-Reservats in Michigan, in einem Gedicht.

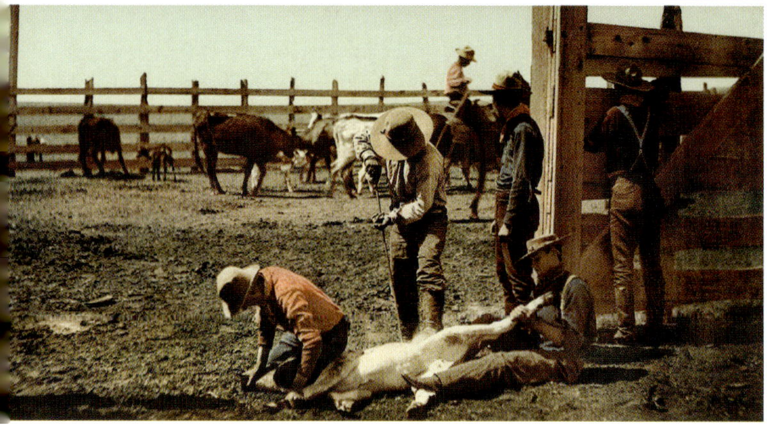

Cowboys und Goldsucher in Colorado

Diese Bildsequenz ist den »Helden« aller Wildwest-Geschichten gewidmet: den Cowboys und den Gold- und Silbersuchern. Viele, die aufbrachen, um den Wilden Westen zu erobern, verdingten sich unterwegs als Viehtreiber, um Geld zu verdienen. Waren sie am Ort ihrer Träume angekommen, wechselten sie das Metier und erwarben eine Goldsucherausrüstung – auch auf die Gefahr hin, sie im Falle des Falles wieder verkaufen zu müssen. Jules Huret entdeckte bei Ouray im Bundesstaat Colorado auf einem Plakat, das ein vom Pech verfolgter Arbeiter an die Mauer geklebt hatte, ein typisches Angebot: »Ich habe keine Arbeit mehr, ich muss hier weg, ich biete zum Verkauf: 1 gefedertes Eisenbett, 1 Schreibtisch mit Geheimfach, das sich als Tresor anbietet, 1 Amboss, 1 Schraubstock, 1 Eimer, 1 Hammer zum Zerschlagen von Felsgestein, 3 Schürfhacken, 1 Haarschneidemaschine.«

Diese Doppelseite ist Szenen aus dem Leben der Wildwest-Abenteurer vorbehalten. William Henry Jackson nahm die Photos zwischen 1866 und 1867 auf. Er selbst arbeitete zu dieser Zeit als Cowboy und trieb Rinder- und Pferdeherden von Wyoming nach Colorado. Mit dem Geld, das er dabei verdiente, wollte er ein Photostudio in Omaha (Nebraska) eröffnen. Links (von links nach rechts, von oben nach unten): lassoschwingender Cowboy; der Korral; Brandmarkung; beim Essen. Rechts: Pionierladen; Verladen von Holzbalken auf Esel; Schlosser und Minenarbeiter; Silberbarren.

Colorado, Midland Railway nach einem Schneesturm

Die Inbesitznahme großer Landstriche erfolgte in Nordamerika immer im Schlepptau der Eisenbahn: Hatten die Pioniere erst einmal den Weg gebahnt, investierten Geschäftsleute in die Bahnkompanien, und Ingenieure erledigten den Rest. Die Colorado Midland Railroad (später: Railway) bildete da keine Ausnahme. Die Trasse wurde zwischen 1883 und 1893 nach Plänen des Ingenieurs John J. Hageman angelegt. Sie führte von Colorado Springs über die Rockies nach Leadville – die Stadt der Silberminen – und überwand dabei mehr als 3000 Meter hohe Pässe wie den Hageman oder Fremont Pass. Im Winter war das Befahren der Strecke besonders gefährlich, obwohl man Lawinenbrecher aus Holz aufgestellt hatte. Die Lokomotiven waren mit Turbinen ausgestattet, die als Schneepflüge dienten. Die Colorado Midland Railway wechselte mehrfach den Besitzer; nach dem letzten Bankrott (1917) wurde die Linie endgültig eingestellt.

Oregon, die »Kaskaden« des Columbia River

Der Columbia River, der viertgrößte Fluss Amerikas, bildet über eine Strecke von knapp 500 Kilometern die Grenze zwischen den Bundesstaaten Oregon und Washington und mündet bei Astoria in den Pazifik. Zwischen The Dalles und Crown Point zwängt der Columbia River Gorge das Flussbett zwischen Felsen ein. Früher behinderten eine Reihe von Stromschnellen (die »Cascade Falls«) an dieser Stelle die Schifffahrt. 1806 erreichte die Lewis-und-Clarke-Expedition den Columbia River. Später schilderte Meriwether Lewis in seinem Expeditionsbericht, dass seine Männer ihre Kanus an den Stromschnellen entladen und bei sintflutartigem Regen zwei Kilometer weit den glitschigen, steinigen Uferpfad entlang hatten tragen müssen. Auch habe sich eine dauerhafte Bewachung des Lagers als notwendig erwiesen, da »es in der Gegend vor Indianern wimmelte, die unser Gepäck zu stehlen versuchten und uns mit Steinen bewarfen«. In der ersten Hälfte des 19. Jahrhunderts kam es zwischen den Indianerstämmen aus den Cascade Ranges und den Pelzhändlern, die aus dem Fort Vancouver in Washington »eingewandert« waren, zu zahlreichen Zusammenstößen – bis 1830 die Malaria ausbrach und die unterdrückte indianische Bevölkerung, die sich ohnehin in einer miserablen körperlichen Verfassung befand, dezimierte. Die Seuche wütete während des 19. Jahrhunderts auf dem gesamten amerikanischen Kontinent. Ein Kanal und eine Schleuse erleichterten ab 1896 das Navigieren auf dem Columbia River (was dieses Photo mit dem Raddampfer belegt). Als 1938 der Bonneville Dam eröffnet wurde, verschwanden die Stromschnellen auf Nimmerwiedersehen unter den Fluten.

San Francisco, starker Seegang im Golden Gate

»Der Monat September ist in San Francisco der merkwürdigste von allen. Tag und Nacht breitet sich der Nebel, der durch das Golden Gate hereinwabert, über der Bucht aus und dringt in die Straßen der Stadt vor. Er macht sich überall breit, hüllt Menschen und Dinge ein, verschleiert die Straßenlaternen. Die wenigen Passanten schreiten in einem Nebelmeer voran, das nicht einmal Autoscheinwerfer durchdringen, Menschen tauchen auf und verschwinden wieder wie Phantome … Es gibt weder Tag noch Nacht, weder Sonne noch Mond, noch Sterne, nur diesen Nebel, in dem wie ein Klagegesang Verstorbener, ein Raunen schiffbrüchiger Seelen – das mächtige *fog horn* ertönt, das Nebelhorn von San Francisco« (Édouard Lavergne, 1941). San Francisco war schon immer die »Stadt des Nebels«, 1941 ebenso wie 1900 oder heute. Dieses besonders im Sommer auftretende Wetterphänomen bringt so viele Reisende zum Staunen, dass neun von zehn damit beginnen, wenn sie von der kalifornischen Küste berichten.

San Francisco, Cliff House

Das berühmte Cliff House gehört heute zum Naherholungsraum und Landschaftsschutzgebiet Golden Gate National Recreation Area. Das ursprüngliche Gebäude wurde 1863 nach Plänen der Architekten Butler und Buckley erbaut. Es war unspektakulär, bei der High Society San Franciscos (etwa den Familien Hearst, Stanford und Crockner) und einigen US-amerikanischen Präsidenten aber sehr beliebt. Drei von ihnen trugen sich in das Goldene Buch ein. 1894 brannte das Haus ab und wurde durch ein pompöses Gebäude ersetzt, in das der Multimillionär und spätere Bürgermeister von San Francisco Adolf Sutro 50 000 Dollar investierte. Architektonisch war es einem französischen Schloss nachempfunden – ein Baustil, der damals sehr en vogue war (das Ergebnis ist hier zu sehen). Das Cliff House war kein Hotel, doch wer über die nötigen Mittel verfügte, konnte es mieten. Es besaß Empfangssäle, private Appartements, einen Speisesaal mit Panoramablick aufs Meer und den Seal Rock, auf dem sich auch heute noch Seehunde tummeln. Eine große Kunstgalerie und eine mineralogische Dauerausstellung waren darin untergebracht. »Château« Cliff House überstand das Erdbeben von 1906, fiel aber im Jahr darauf einem Brand zum Opfer. In die Fußstapfen ihres Vaters tretend, finanzierte Adolf Sutros Tochter Emma 1909 den Bau des dritten Cliff House, eines klassizistischen Gebäudes, das glänzende Zeiten erlebte, bis die Familie es nach der Weltwirtschaftskrise und zwei Weltkriegen verkaufen musste. George Whitney erwarb das Gebäude und gestaltete es um. Seit 1977 gehört es der Nationalparkverwaltung.

Kalifornien, Mission von San Juan Capistrano

Die spanischen Missionen Kaliforniens, dem Journalisten Jules Huret (1864–1915) zufolge »die einzigen Relikte aus der Vergangenheit der Neuen Welt«, stammen nicht aus den Anfängen der Kolonialzeit, sondern vom Ende des 18. Jahrhunderts. Damals ließen sich russische Franziskaner, die vor der Verfolgung unter Katharina der Großen geflüchtet waren, an der kalifornischen Küste nieder. Sie versuchten die Indianer zu missionieren und zum Ackerbau zu zwingen. Die 1806 gegründete Mission von San Juan Capistrano ist sehr charakteristisch für den sogenannten »Missionsstil«. Sie wurde 1812 durch ein Erdbeben zerstört.

Yosemite-Nationalpark, die »drei Grazien« im Mariposa Grove (rechts)

Im Mariposa Grove (Schmetterlingshain) am südlichen Ende des Yosemite-Parks stehen die größten Sequoias (Mammutbäume) der Sierra Nevada. Sie wurden 1857 von dem Siedler Galen Clark entdeckt. Hier, bei den »drei Grazien«, an denen eine vergleichsweise winzig erscheinende Kutsche vorbeifährt, erreichen mehr als zweihundert Sequoias eine Höhe von fast achtzig Metern. Der Umfang eines Stammes beträgt um die dreißig Meter; die Rinde ist dreißig bis sechzig Zentimeter dick. Doch obwohl sie so unverwundbar erscheinen, sind Mammutbäume empfindlich, weil ihre Wurzeln sich nur flach in den Boden eingraben.
Mammutbäume können tausend, zweitausend, dreitausend Jahre alt werden. Die ältesten Sequoias des Yosemite-Parks standen dort schon um 1000 v. Chr.

Kalifornien, auf der Rundbrücke des Mount Lowe Incline Railway

Der geniale Ingenieur und Erfinder Thaddeus Sobieski Constantine Lowe ließ sich 1888 in Pasadena, Kalifornien, nieder. Dort investierte er zusammen mit dem Eisenbahningenieur David Macpherson in die Anlage einer Bahntrasse von Pasadena bis zum Gipfel des Mount Wilson. Sie führte unter anderem über den 3000 Fuß tiefen Millard Canyon. Um die Fahrt über den schwindelerregenden Abgrund voll und ganz genießen zu können, musste man schon viel Vertrauen in den technischen Fortschritt haben – dieser Gedanke drängt sich zumindest beim Betrachten der in einen Waggon gepferchten, starr geradeaus blickenden Fahrgäste auf –, auch wenn an der Bergstation ein Schweizer Chalet, ein Restaurant, ein Kasino und ein Observatorium warteten. 1938 fiel die Rundbrücke sintflutartigen Niederschlägen zum Opfer. Mr Lowes »Wolkenzug« war dahin.

Los Angeles, chinesische Apotheke (links)

Beim Anblick dieses Interieurs glaubt man sich in einen taoistischen Tempel versetzt, doch es handelt sich um eine chinesische Apotheke in Chinatown in Los Angeles. Anders als in San Francisco wohnen die Chinesen von Los Angeles heute über die ganze Stadt verteilt; Chinatown ist heute nur noch Geschäftsviertel. Wie es aussah, als dieses Photo aufgenommen wurde, beschrieb der französische Journalist Jules Huret: »Bunte Fassaden, nach oben geschwungene Dächer, Vergoldungen, … aschgraue tierische Eingeweide, … welkes Gemüse, Schaufenster mit verdorrten Kräutern, durch die man Apotheker mit einem beharrlichen Lächeln auf den Lippen Süßholz in kleine Stücke hacken oder, zwischen langen Fingern mit krummen Nägeln, Pillen rollen sieht …«

ACADEMY
THANHOUSER COMPANY
NANCY & CO

Michigan, die Schleusen von Sault-Sainte-Marie

Der Saint Mary's River, die einzige Passage zwischen dem Oberen See und den übrigen Großen Seen, war früher wegen seiner Stromschnellen schwer schiffbar. Die Chippewa-Indianer befuhren ihn mit Kanus, und als im 17. Jahrhundert die ersten weißen Neuankömmlinge auftauchten, blieb auch ihnen nichts anderes übrig. 1797 errichtete man einen Kanal und 1855 bei Sault-Sainte-Marie zwei große Schleusen: die Soo Locks. Schon 1881 hatte der Schiffsverkehr so stark zugenommen, dass die Soo Locks dem U.S. Army Corps of Engeneers unterstellt wurden.

Das seltsame zigarrenförmige Schiff auf dem Photo ist ein *whaleback* (Walrücken), ein Frachtschiff mit flachem Boden und gerundetem Deck. Dieser Schiffstyp wurde 1886–1887 von Captain Alexander McDougall speziell für die Navigation auf den Großen Seen entwickelt.

Milwaukee, Wisconsin Street (links)

Milwaukee, am Westufer des Michigansees gelegen, war im 19. Jahrhundert zu drei Vierteln »in deutscher Hand« und hieß daher im Volksmund »Neufrankfurt«. In der Tat würde das große Gebäude im Stil des Historismus, das auf diesem Photo zu sehen ist, am Ufer des Main keineswegs deplatziert wirken. Die größte Stadt Wisconsins besaß einen bedeutenden Hafen und lebte lange vom Handel mit Pelzen und Holz. Sie gilt außerdem als Biermetropole, beherbergt sie doch die größten Brauereien der Vereinigten Staaten. Eine von ihnen warb mit dem Slogan: »Das Bier, das Milwaukee berühmt gemacht hat.«

Die Getreideheber am Chicago River

Der Chicago River floss ursprünglich durch die Unterstadt Chicagos in den Michigansee. Zwischen 1880 und 1900 wimmelte es an seinen Ufern nur so von Industrieanlagen. Bereits 1871 kam es infolge der Wasserverschmutzung zu einer furchtbaren Cholera-Epidemie, die die Gesundheitsbehörden zur Umleitung des Flusses veranlasste. Jules Huret, der sich um 1900 in Chicago aufhielt, schrieb: »Manche Viertel am Flussufer kommen einem tatsächlich vor wie die Vorhölle; Straßen voller Metallbrücken, die über Schiffswerften und Fabrikbaustellen führen, dreißig, sechzig Bahnlinien, auf denen unablässig Züge fahren … Man sieht keine dreißig Meter weit. Dämpfe, so undurchsichtig wie Nebel, wabern über gigantischen Schornsteinen.« In den Docks verarbeiteten »vierzig Getreideheber, riesige Behälter, die die Kais dominieren, jährlich drei Milliarden Liter Getreide«, fuhr Huret fort. »Mein Reiseführer hatte mir die Funktionsweise dieser Heber erklärt: Mit Hilfe gigantischer Pumpen saugen sie den Inhalt der mit Getreide vollgestopften Frachter an und füllen ihn in zwanzig Meter tiefe Schächte.«

Boston, Old State House (rechts)

Das 1713 fertiggestellte State House (ursprünglich das Town House – das Rathaus) brannte 1747 bis auf die Backsteinfassade ab. Es wurde 1789 wiederaufgebaut und anschließend für Verwaltungsaufgaben und zu kommerziellen Zwecken genutzt. Zwischen 1903 und 1904 diente das Erdgeschoss sogar als Eingang einer U-Bahn-Station. 1910 wurde der Architekt Joseph Everett Chandler, der beim Massachusetts Institute of Technology für die Denkmalpflege zuständig war, damit beauftragt, das Gebäude »in seinen ursprünglichen Zustand« zurückzuversetzen.

MUTUAL UNION
TELEGRAPH CO.
MESSENGER CO.
LOW RATES
QUICK SERVICE
TELEGRAPH
COMPANY
PROMPT DELIVERY

BROS

New York, Hafen und Brooklyn Bridge

Als der französische Autor Paul Morand am Hafen von New York spazieren ging, dachte er unwillkürlich an den großen amerikanischen Dichter Walt Whitman, der diesen Ort besser als jeder andere besungen hat. Whitman beschreibt in einem Gedicht, wie er den Strom einst viele Male überquerte, dabei den Möwen zusah, die einfahrenden Schiffe beobachtete, die großen und kleinen Dampfer, die Schoner mit den weißen Segeln, die im Hafen schaukelnden Boote und die Matrosen bei der Arbeit. So sah der Hafen aus, in den Franz Kafka seinen Romanhelden Karl Roßman einlaufen lässt, der in *Amerika* die Freiheitsstatue »wie in einem plötzlich stärker gewordenen Sonnenlicht« erblickt. So sah der Hafen aus, der für Millionen von Emigranten die Freiheit symbolisierte.

New York, Flatiron Building (links)

»Ich entdecke ein winkelförmiges Gebäude ohne Tiefe«, aber »von erstaunlicher Kühnheit«, schrieb Paul Morand. »Da der Architekt bloß über ein Eckgrundstück verfügte, errichtete er einen Wolkenkratzer, der aussieht wie ein Bügeleisen *(flat iron)* und an dem der Wind aufwirbelt wie das Wasser am Bug eines Passagierschiffes.« Das Flatiron steht an der Ecke 5th Avenue/22nd Street. Dass um das 22-stöckige Gebäude unablässig der Wind fegt, liegt an seiner aerodynamischen Form, die unerwartete »Nebeneffekte« hatte. Passantinnen wurde ständig der Rock hochgeweht, sodass ihre Beine zu sehen waren, was dazu führte, dass sich an der Ecke der 23. Straße immer wieder Neugierige postieren, die sich dieses Schauspiel nicht entgehen lassen wollten. Im puritanischen New York waren derartige Zustände Anfang des 20. Jahrhunderts undenkbar, und die New Yorker Polizei verscheuchte die Gaffer gnadenlos mit dem Ruf »23 skidoo« (frei übersetzt: »Alle Mann weg hier!«).

Atlantic City, »The Sandman«

»Don't forget the worker« (»Vergesst den Künstler nicht«) lautet der Wunsch dieses »Sandbildhauers«, der seinem Meisterwerk gerade den letzten Schliff gibt und auf die Ankunft – und eine großzügige Spende – der morgendlichen Badegäste wartet. Einige Stunden später sollte der Strand von Atlantic City so ähnlich aussehen wie auf der folgenden Seite: vor Sommergästen in Belle-Époque-Kluft nur so wimmelnd. Die Herren tragen gestreifte Unterhemden und bis zu den Knien reichende Hosen, die Damen wadenlange Kleider mit großen Matrosenkragen.

Am Strand von Atlantic City

An der Küste New Jerseys scheint häufig die Sonne, und da sie vom warmen Golfstrom profitiert, eignet sie sich wunderbar zum Baden. Absecon Island, die »Keimzelle« Atlantic Citys, gehörte früher zu den Jagdgründen der Delaware-Indianer, die die Insel im Sommer zum Fischen aufsuchten. Um sie vom Festland aus zu erreichen, hatten sie einen Pfad durch die Sümpfe getreten – den sogenannten Old Indian Trail, über den heute die Florida Avenue führt. 1670 setzte der Engländer Thomas Budd als erster Weißer einen Fuß auf Absecon Island; 1754 trat Jeremiah Leeds aus dem Nachbarort Leeds in seine Fußstapfen. Jeremiah und seine Familie waren die ersten offiziellen Bewohner der Insel, und 1839 eröffnete Millicent Leeds, Jeremiahs zweite Frau, an der Stelle, an der sich heute die Kreuzung Baltic/Massachusetts Avenue befindet, eine Schenke (Aunt Millie's Boarding House).

Ab da überstürzten sich die Ereignisse: 1854 erreichte der erste Zug aus Camden Atlantic City. Jonathan Pitney hatte die Strecke finanziert, Richard Osborne hatte sie gebaut. Osborne taufte den neuen Bahnhof »Atlantic City«, Pitney wiederum gab den parallel zum Meer verlaufenden Straßen die Namen von Meeren und Ozeanen (Pacific Avenue, Baltic Avenue, Mediterranean Avenue usw.) und den Querstraßen die Namen amerikanischer Bundesstaaten. Fünfzig Jahre später gehörte es zum guten Ton, sich beim Flanieren auf dem Boardwalk (der Uferpromenade) sehen zu lassen, und die großen Hotels waren ständig ausgebucht. 1976 wurde in Atlantic City das Glücksspiel legalisiert. Die Einnahmen daraus sichern der Stadt ihren heutigen Wohlstand.

Pennsylvania, Riverside Drive

Der Bundesstaat Pennsylvania – wörtlich übersetzt »Penns Waldland« – verdankt seinen Namen dem Quäker William Penn, dem Karl II. von England ein großes Gebiet zwischen dem Eriesee und dem Atlantik vermachte. Dort entstand Ende des 17. Jahrhunderts Philadelphia, die Stadt der »Bruderliebe«. Im Nordwesten Philadelphias, in den nördlichen Ausläufern der Appalachen, liegt das Allegheny Plateau, eine wunderbare Gegend mit üppigen Wäldern, östlich davon fließt der Susquehanna River nach Süden. An seinen Ufern lebten lange vor der Ankunft der ersten Europäer die Irokesen, die ihre Heimat im 17. Jahrhundert jedoch den Delaware-Indianern überließen. Von diesen erlangte Penn im Jahr 1682 das Recht, eine Siedlung zu errichten. Penn ließ sich von einem »inneren Licht« leiten, war Pazifist und nahm jeden auf, der in den Nachbarstaaten verfolgt wurde oder schlecht gelitten war. »Unnötig, darauf hinzuweisen, dass sich dort Gott und die Welt tummelte!«, meinte dazu der *Guide Bleu*. Diese Großzügigkeit und Toleranz bilden den Ursprung der Anachronismen, die Pennsylvania heutzutage charakterisieren. Zu nennen ist hier zum Beispiel die Lebensweise der Mennoniten, die sich jeder Art von Fortschritt verweigern und wie die Amish oder Pennsylvania Dutch Pferdewagen als Fortbewegungsmittel benutzen.

Charleston, Gärtner in den Magnolia Gardens

Nachdem South Carolina sich 1860 von den Vereinigten Staaten losgesagt hatte und damit indirekt den Sezessionskrieg auslöste, leistete das Land im Verein mit den anderen Südstaaten den Unionstruppen erbitterten Widerstand. Die Hauptstadt Charleston kapitulierte schließlich nach vier Jahren Seeblockade 1865 unter dem Beschuss der feindlichen Truppen; die Bevölkerung war zu diesem Zeitpunkt vollkommen ausgehungert. Seine säulengeschmückten Villen und »englischen« Tropengärten sind charakteristisch für die Kolonialstil-Architektur der Südstaaten. South Carolina besitzt eine so wunderbar üppige Pflanzenwelt, dass es den Spitznamen »Palmetto State« – Palmenstaat – völlig zu Recht trägt. Édouard Lavergne, der Charleston zwischen den beiden Weltkriegen besuchte, bezeichnete die Stadt als »Oase Nordamerikas« und schwärmte vom »Frühling in Carolina«, von »Azaleen, blühenden Glyzinien und dem Lächeln alter schwarzer Gärtner«. Dieses Bild wurde um 1890 in den Magnolia Gardens von Charleston aufgenommen.

Baumwollfabrik in Mississippi

Ende des 19. Jahrhunderts erstreckte sich der sogenannte Cotton Belt – der Baumwollgürtel – vom Golf von Mexiko bis zum Atlantik. Im Norden reichte er bis Kentucky und Missouri, im Westen bis Oklahoma und Texas und im Süden bis nach Florida. Und natürlich umfasste er die »Pionierstaaten« der Baumwollkultur: Mississippi, Louisiana, Alabama, Georgia, North Carolina, South Carolina und Virginia. Dieses Gebiet nimmt fast ein Viertel des US-amerikanischen Staatsgebiets ein. In Mississippi verkauften europäische Sklavenhändler, die ihr »Metier« bereits seit dem 17. Jahrhundert ausübten, den Pflanzern allein zwischen 1783 und 1793 mehr als 30000 Sklaven. Die Erfindung der Egreniermaschine (1793) zur Entkörnung der Baumwolle führte zu einer weiteren Zunahme des Sklavenhandels. Der aus Columbus (Mississippi) gebürtige Schriftsteller Tennessee Williams schilderte, wie es auf einer Baumwollplantage der 1930er Jahre zuging: »Der Nachmittag ging zu Ende. Die mit Druckluftrohren ausgerüsteten Baumwollpflückmaschinen liefen noch auf vollen Touren und saugten die Ernte ein. Feiner Baumwollstaub waberte in der Sonne, trieb auf die andere Seite der alten grauen Straße und über die Felder … Er drang bis unter den Portalvorbau des Hauses, wo Mrs Jake Meighan mit ihrem Gast aus der Kooperative auf ihrer Hollywoodschaukel Platz genommen hatte.«

Louisiana, New Orleans, Saint Charles Avenue

Die Einflüsse der Kolonialmächte Frankreich und Spanien haben im Leben und im Stadtbild von New Orleans tiefe Spuren hinterlassen. Um sich davon zu überzeugen, genügt ein Blick auf dieses um 1900 entstandene Photo der Saint Charles Avenue, einer der Hauptverkehrsadern der Stadt: repräsentative Gebäude im spanischen Stil, Balkone mit filigranen Arkaden aus Schmiedeeisen, bunte Fassaden, sich lösende Pflastersteine – das alles könnte sich auch in Barcelona oder Marseille befinden. New Orleans' Bevölkerung besteht noch heute zur Hälfte aus Schwarzen. Nicht zu vergessen die französischstämmigen Cajuns, deren Vorfahren, 1755 von den Engländern aus Kanada vertrieben, in den *bayous* – den Sümpfen des Mississippi-Deltas – Zuflucht suchten und eine ganz eigene Musik entwickelten, in der ihre Sehnsüchte zum Ausdruck kommen. Auch die schwarze Musik Amerikas ist in New Orleans beheimatet: In den Kellern der Southside – des Schwarzenviertels – wurde just zu der Zeit, als dieses Photo entstand, der Jazz geboren. Noch heute erklingen im Vieux Carré beziehungsweise French Quarter Jazzmelodien und Cajun-»Blues«.

Florida, Saint Augustine, Charlotte Street

Das »Touristenparadies« Florida ist die letzte Etappe unserer Reise durch Amerika. Die flache, siebenhundert Kilometer lange Halbinsel schließt den Golf von Mexiko ab und ist von weißen Sandstränden und kleinen Inseln gesäumt. Ihre Südspitze verliert sich in den Sümpfen der Everglades und wird vom Korallenriff der Florida Keys regelrecht eingerahmt. Florida wurde 1513 von dem Spanier Ponce de León entdeckt, der in der Nähe von Saint Augustine an Land ging, und hat eine lange und bewegte Geschichte. Spanier, Franzosen und Engländer stritten nicht nur untereinander unablässig um die Vorherrschaft, sondern bekämpften auch die Semiolen, die ihre Heimat schließlich verlassen mussten, nachdem sie sich zwischen 1817 und 1858 in drei Kriegen aufgerieben hatten. Saint Augustine war die erste Siedlung Floridas und ist zugleich die älteste Stadt der Vereinigten Staaten. Die Häuser in der Charlotte Street sind dem einheimischen Baustil nachempfunden, den auch die im 19. Jahrhundert nach Florida eingewanderten Amerikaner – die Crackers – sich zu eigen machten: Schornsteine aus Backsteinen, steile, mit Zypressenschindeln gedeckte Satteldächer. Sein damaliges Wachstum, so heißt es, habe Saint Augustine dem Bahn- und Hotelmagnaten Henry Morrison Flagler zu verdanken, der mehr als vierzig Millionen Dollar in die Entwicklung Floridas investiert haben soll: Die Eröffnung des Hotels Ponce de Leon im Jahr 1884 war nur der Anfang.

Florida, am Ufer des Ocklawaha

Der Ocklawaha River im Nordosten Floridas liegt heute innerhalb der Grenzen des Ocala National Forest und schlängelt sich – bald träge und Schlamm mit sich führend, bald behände – zwischen Seen, mit Seerosen bewachsenen Teichen und dichten Wäldern hindurch, in denen Zypressen und eine spezielle Ahornart gedeihen. Hundert Fischarten, zweihundert Vogelarten und dreihundert Säugetierarten bevölkern diesen heute unter Schutz gestellten Lebensraum. Fast wäre es für sie zu spät gewesen: Schon im 19. Jahrhundert drohte eine dramatische Umweltverschmutzung, die sich vor allem auf die Flussschifffahrt zurückführen ließ, dieses außergewöhnliche Ökosystem zu zerstören. Schon während der Semiolenkriege fanden auf dem Ocklawaha Truppentransporte statt; später durchpflügten Touristendampfer – wie auf dem Bild zu sehen – den Fluss in friedlicher Mission. Auch heute noch wird der Ocklawaha befahren, allerdings sind dabei strenge ökologische Auflagen einzuhalten.

Bahamas

Nassau, East Street

Die Bahamas, die einst nach ihren indianischen Ureinwohnern »Lucayan-Inseln« hießen, wurden 1492 von Kolumbus entdeckt. Die bewegte Geschichte ihrer Hauptstadt Nassau wurde von vielen Kulturen geprägt: Spanier, Engländer, Westafrikaner, Piraten und Emigranten aus aller Herren Länder verliehen der Stadt den einzigartigen Charakter, der ihren Reiz ausmacht. Schon 1800 gab es in Nassau mehr Schwarze als Weiße. Ende des 18. Jahrhunderts und im Laufe des 19. Jahrhunderts sorgte der Zustrom britischer Loyalisten, die die Unabhängigkeit Amerikas gerne verhindert hätten und ihre Sklaven mitbrachten, später die Ankunft freigelassener Sklaven, die in Nassau nach Arbeit und einer Lebensperspektive suchten, für das Anwachsen der Bevölkerung.

Um 1900 unterstand Nassau der britischen Krone. Dieses um die gleiche Zeit entstandene Photo vermittelt denn auch den Eindruck einer verschlafenen englischen Kolonialstadt. Die Veranden der großzügigen Villen sind zum Schutz vor der brütenden Hitze mit Jalousien verschlossen. Unter der gleißenden Sonne wirken Straße und Himmel wie ausgewaschen, nur die Palmen scheinen tatsächlich in diese Tropenkulisse zu passen. Heute gelten die Bahamas als Urlaubsparadies schlechthin. Die Piraten Blackbeard und Calico Jack Rackham, die einst Angst und Schrecken verbreiteten, spuken nicht mehr vor den Küsten herum. Auf der seit 1973 unabhängigen Inselgruppe herrscht übrigens Linksverkehr.

Kuba

Die Kathedrale von Havanna

Fährt man von den Bahamas oder von Florida aus weiter nach Süden, gelangt man nach Kuba, auf die größte Antillen-Insel. Die Hauptstadt Havanna liegt direkt an der Floridastraße und wurde 1519 von den Spaniern gegründet. Im Laufe des 17. Jahrhunderts entwickelte sie sich zu einer prosperierenden Hafenmetropole und diente als Umschlagplatz des von den Conquistadores gestohlenen Goldes aus Mexiko. Während der britischen Besatzung 1762–1763 wurden Abertausende schwarzer Sklaven auf die kubanischen Zuckerrohrplantagen verfrachtet. Diese kurze Episode englischer Herrschaft endete mit einem Abkommen, durch das Kuba im Tausch gegen Florida an Spanien zurückfiel und folglich vor allem spanisch geprägt wurde. Havanna erhielt eine gewaltige Festung und eine Kathedrale. Die gemeinhin als »San Cristóbal« bekannte Kirche wurde 1789 geweiht. Bei dieser Gelegenheit taufte man auch gleich die Plaza de Maria in Plaza de la Catedral um, und die katholische Kirche erhob Kuba in den Rang einer Diözese. Die Kathedrale, die der kubanische Schriftsteller Alejo Carpentier später mit »steingewordener Musik« verglich, ist ein Juwel der spanisch geprägten Barockarchitektur. Das Photo wurde im letzten Jahrzehnt des 19. Jahrhunderts aufgenommen, kurz vor der »Befreiung« Kubas durch die Amerikaner im Jahre 1898.

PRINCIPE
PRINCIPE
NEPTUNO

Havanna, Teatro de Tacón

In der ersten Hälfte des 19. Jahrhunderts führten die reichen Kolonisten von Havanna ein prunkvolles, mondänes Leben, während sich die Unterdrückung von Schwarzen und Kreolen verschärfte. Dieses Ungleichgewicht führte 1868 zum Aufstand gegen die Spanier und schließlich zum Unabhängigkeitskrieg, der 1898 mit der Besetzung Kubas durch die Amerikaner endete. Die Bevölkerung Havannas war zu achtzig Prozent weiß und hatte spanische Wurzeln. Im so genannten »Paris der Antillen« entstanden prächtige Häuser und herrliche öffentliche Gebäude. 1838 wurde das Gran Teatro de Tacón eingeweiht und eröffnete mit einer glanzvollen Opernsaison. Die größten Künstler der damaligen Zeit traten dort auf, unter anderem »die« Pawlowa. Das ursprüngliche Gebäude wurde nach mehrfachen Umbauten um 1908 zerstört und durch ein Bauwerk im Stil des deutschen Neobarock ersetzt, das 1915 Einweihung feierte. Das zwischen 1890 und 1900 entstandene Photo zeigt das Theater von 1838 in bereits veränderter Form. In das neue Teatro de Tacón zog 1950 das kubanische Nationalballett ein. Seit 1985 trägt es den Namen Gran Teatro de La Habana.

Straße in Havanna (rechts)

So sah Havanna an der Wende zum 20. Jahrhundert aus. Die schmale, gerade, sorgfältig gepflasterte Straße liegt in dem heute »Old Havana« genannten Viertel, dem historischen Zentrum der kubanischen Hauptstadt. Sie ist gesäumt von kleinen Läden und Häusern im klassischen spanischen Stil. Charakteristisch sind die in warmen Farbtönen getünchten Fassaden, die großen Balkone und die mit schmiedeeisernen Gittern gesicherten Fenster. Schöne Rokokolaternen und Halterungen für Flaggen runden das Bild ab. Das Erscheinungsbild von Havannas Altstadt verdankt sich zum großen Teil spanischen Stadtplanern aus dem 18. Jahrhundert. Dieses Bild vermittelt allerdings eine seltsame Stimmung: Die Männer, die an der Wand lehnen, der Friseur, der auf der Türschwelle seines Salons auf Kundschaft wartet, die etwas halbseiden wirkende Gestalt im Vordergrund, die den Photographen anblickt – sie alle strahlen keine Lebensfreude aus. Man ist versucht, in diesem Bild die Vorzeichen der tiefgreifenden politischen und gesellschaftlichen Veränderungen zu erkennen, die Kuba bald darauf ins Zentrum internationaler Interessen rücken sollten.

LA PERLA
PELUQUERIA
BARBERIA
BAZAR INGLES

Die Erfindung Orell Füsslis

Technische Einführung ins Photochromverfahren

Christian Laucou

Die Photographie gehört zu den bedeutenden Errungenschaften des 19. Jahrhunderts – und unter den daraus abgeleiteten Techniken spielt das Photochromverfahren eine wichtige Rolle. Verweilen wir einen Augenblick bei dem Begriff »Photochrom«: Zerlegt man ihn in seine Bestandteile, ergibt sich auf der einen Seite »Photo« für »Photographie« (wörtlich übersetzt: »mit Licht schreiben«) und auf der anderen »chrom« für »Farbe«. Es scheint sich also um etwas höchst Simples zu handeln: Photochrom = Farbphotographie. Doch der Schein trügt. Das große Problem des 19. Jahrhunderts bestand, salopp gesagt, nicht darin, dass es an Erfindungen gehapert hätte, sondern darin, einen passenden Namen für die jeweilige Erfindung zu finden. Und da die Konkurrenz nicht schlief und einer Vielzahl von Erfindungen nur wenige als Namensgeber geeignete griechische oder lateinische Wortstämme gegenüberstanden, passten die Neologismen, die als Taufnamen gewählt wurden, manchmal nicht hundertprozentig.

So ist das Photochromverfahren, anders als sein Name suggeriert, kein Synonym für Farbphotographie, wie wir sie heute kennen, sondern ein Farbdruckverfahren, das von Schwarzweißnegativen ausgeht – nicht zu verwechseln mit der Photochromie (Photographie in natürlichen Farben) oder dem »photochromischen Princip« (Hermann W. Vogel).

Das Photochromverfahren wurde von dem Züricher Druck- und Verlagshaus Orell, Füssli & Co. entwickelt und unter anderem in der Schweiz, in Frankreich, Deutschland, Italien und Großbritannien sowie in den Vereinigten Staaten als Patent angemeldet. In Frankreich erledigten die Herren Gebrüder Blétry, Boulevard de Strasbourg 2, Paris, diese Aufgabe am 4. Januar 1888 für Orell Füssli et Cie. Das Patent wurde am 20. März desselben Jahres unter der Nummer 187971 veröffentlicht. Es hat folgenden Wortlaut:

»Beschreibende Darlegung zur Begründung eines Patentantrages für eine von den Herren Orellfüssli [sic] & Cie in Zürich entwickelte Erfindung, betreffend einen Prozess, der die photographische Übertragung eines Originals auf Lithographiesteine oder Farbdruckplatten mit Hilfe eines einzigen Negativs ermöglicht.

Trotz aller in den Reproduktionskünsten erzielten Fortschritte war es bis jetzt unmöglich, mit Hilfe der Photographie und *mittels eines einzigen Negativabzugs* eine *beliebige Anzahl von Farbdrucken* anzufertigen.

Es ist uns gelungen, dieses Ziel zu erreichen, und im Folgenden wird die Funktionsweise unseres Verfahrens beschrieben.

Man übergießt Steine oder Metallplatten von körniger oder glatter Oberfläche mit einer Schicht Asphalt, der dem Tageslicht oder elektrischem Licht gegenüber empfindlich ist.

Ist die Belichtung wunschgemäß beendet, wird das Entwicklungsverfahren durchgeführt, ein Vorgang, der darin besteht, die Zeichnung mittels Terpentinöl oder einer anderen löslichen Substanz hervortreten zu lassen.

Diesem Entwicklungsvorgang folgt, je nach Bedarf, ein weiterer, der darin besteht, die

Links:
Botschaftersaal der Alhambra in Granada (Photochrom PZ, um 1890).

Ganz links:
Retuscheurin bei der Arbeit im Atelier der Detroit Publishing Company, Aufnahme von T. S. Burce & A. Braithwaite (1913).

Zeichnung mit einer mehr oder weniger stark konzentrierten Firnisflüssigkeit zu behandeln. Letzteres ist unerlässlich, um den erwünschten Effekt zu erzielen und zu vervollständigen. Zusammenfassend machen wir folgende Patentansprüche geltend:
Der Prozess, der darin besteht, mittels eines einzigen Negativs Originale aller Art (also auch Halbtonnegative) direkt auf die glatte oder körnige, lichtempfindlich gemachte Oberfläche von Litographiesteinen oder Metallplatten zu übertragen (im Falle von Farbdrucken auf eine beliebige Zahl von Platten) und diese Bilder auf dem Stein oder den Metallplatten zu fixieren und zu entwickeln, um einen Druck vom Original zu erzeugen.
Paris, den 4. Januar 1888
Als Bevollmächtigter der Sté Orellfüssli & Cie
[Unterschrift]«
Man braucht sich nicht besonders gut mit Druckverfahren auszukennen, um festzustellen, dass dieser Antrag sehr vage formuliert ist. Dies ist bei Patentverfahren die Regel: bloß nicht zu genau werden oder absichtlich eine falsche Fährte legen, um der Konkurrenz nicht auf die Sprünge zu helfen. Gleichwohl erteilt dieser Patentantrag unfreiwillig ein paar Auskünfte, die durch die Betrachtung von Photochromen ergänzt werden können.
Das Photochromverfahren ist kein rein photographisches Druckverfahren, sondern ein lithographisches Druckverfahren auf der Basis von Photos. Wäre das alles gewesen, hätte es allerdings niemals patentiert werden können. Tatsächlich war die Technik der Übertragung von Photographien auf Stein bereits bekannt. Der französische Litograph Rose Joseph Lemercier hatte 1852 für eine Technik, die er »Lithophotographie« getauft hatte, ein Patent angemeldet. Er benutzte sogenanntes Bitumen von Judäa (oder Asphalt) als lichtempfindliche Substanz. Etwas später, im Jahr 1855, meldete der französische Chemiker Louis-Alphonse Poiteven Ansprüche für ein ähnliches Verfahren an, das er »Photolitographie« nannte. Als lichtempfindliches Material diente ihm Albumin oder Bichromatgelatine.
Die eigentliche Besonderheit des Photochromverfahrens liegt also nicht im Kopiervorgang, sondern in den damit verbundenen chromatischen Möglichkeiten. Und darüber schweigt sich der Patentantrag natürlich aus. Trotzdem ist es nicht besonders schwierig, auf anderem Wege zu entsprechenden Erkenntnissen zu gelangen. Denn um ein Schwarzweißnegativ in ein Farbbild zu »verwandeln«, gibt es nur eine einzige Möglichkeit: Die einzelnen Farben müssen dem Negativ manuell zugeordnet und anschließend künstlich reproduziert werden. Alle Flächen, die für einen bestimmten Farbton ausgewählt wurden, werden in diesem Ton gedruckt. Durch Aufeinanderdrucken aller gewünschten Farben (zwischen vier und zwanzig) erhält man ein buntes Bild. Für die Durchführung dieses Verfahrens gibt es zwei Möglichkeiten: Entweder erzeugt man von einem Originalnegativ durch Kopieren und anschließendes manuelles Retuschieren so viele Teilnegative, wie man Farben wünscht, und überträgt jedes Negativ auf

Rechts:
Ankunft der Zahnradbahn auf dem Pikes Peak bei Colorado Springs (um 1898).

Links:
Die Terrasse des Shepherd's Hotel in Kairo (1890er Jahre).

einen separaten Stein. Oder man kopiert das Originalnegativ auf eine ausgewählte Anzahl von Steinen und bearbeitet die einzelnen Steine so, dass jeweils nur die Partie des Bildes erhalten bleibt, die in einer bestimmten Farbe gedruckt werden soll. Das letztere Verfahren ist technisch aufwändiger, aber möglich. Zur Anwendung kamen wohl beide Verfahren, vielleicht wurden sie sogar miteinander kombiniert. Wie auch immer – es handelte sich um eine Herausforderung für absolute Profis: Man brauchte Farbretuscheure und Laborphotographen für die manuelle Auswahl von Farben und die Übertragung der Farbflächen auf Stein sowie Zeichner und Lithographen für die Herstellung der Abzüge.

Die Betrachtung der Photochromdrucke lässt eine weitere Schlussfolgerung zu: Dasselbe Originalnegativ kann unterschiedlichen Bildversionen zugrunde liegen. Farbunterschiede auf den Abzügen verweisen beispielsweise darauf, dass es eine entsprechende Anzahl von »Serien« gab. Als Druckvorlage benutzte man entweder einen einzigen Satz Lithographiesteine, die jeweils unterschiedlich eingefärbt wurden, oder stellte gleich mehrere Sätze Steine her. Die wunderbaren Farbnuancen, die manche Bilder vor allem im Bereich des Himmels aufweisen, ließen sich mit einem einzigen Stein erzielen, der zweifarbig eingefärbt wurde. Dazu trug man an beiden Enden der Farbrolle jeweils einen Farbton auf, sodass sich die Farben beim Abrollen übereinanderlegten. In manchen Fällen stößt man bei Vergleichsbetrachtungen auch auf wesentlich gravierendere Eingriffe und stellt beispielsweise fest, dass Personen oder Elemente hinzugefügt oder eliminiert wurden. Diese »Korrekturen« wurden vor der Übertragung des Bildes auf den Stein auf einem Zwischennegativ vorgenommen. Wollte man ein Element hinzufügen, musste man es zunächst von einem entsprechenden Negativ entnehmen. Man benötigte also eine zweite Vorlage. Aller Wahrscheinlichkeit nach legten sich die Verlage, die Photochromdrucke vertrieben[1], »Bibliotheken« mit allerlei nützlichen Bildelementen an: Personen, Landschaftssegmenten usw., derer sie sich nach Bedarf bedienten, um die Ästhetik oder die »Glaubwürdigkeit« einer Aufnahme zu erhöhen.

Der allmähliche Niedergang der Lithographie durch den Aufschwung des Offset-Druckverfahrens ab Beginn des ersten Weltkriegs wirkte sich zunächst nicht auf die Produktion von Photochromen aus. So stellte der deutschstämmige amerikanische Verleger Curt Teich bis in die 1950er Jahre hinein per Photochromverfahren unzählige Ansichtskarten von amerikanischen Städten her. Aber das ist eine andere Geschichte …

[1] Die Photoglob AG in Zürich, die Orell Füssli zum weltweiten Vertrieb von Photochrombildern gegründet hatte, war nicht das einzige Unternehmen, das sich auf diesem Markt tummelte. Es gab mehrere Lizenznehmer, unter anderem Keltz & Meiners in Berlin, Raphael Tuck & Sons in London, Photochrom Company Ltd in London und Detroit Photographics & Co in Detroit.

Register

Literaturempfehlungen

Baedeker, Karl: *Ägypten. Handbuch für Reisende. Erster Theil: Unter-Ägypten und die Sinai-Halbinsel*, Leipzig 1877
Baedeker, Karl: *Die Schweiz nebst den angrenzenden Teilen von Oberitalien, Savoyen und Tirol*, Leipzig 1909
Baedeker, Karl: *Schweden und Norwegen nebst den wichtigen Reiserouten durch Dänemark*, Leipzig 1894
Blasco, Vicente Ibañez: *Die Arena*, Leipzig 1951
Eberhardt, Isabelle: »Reminiszenzen«, in: *Sandmeere 1. Tagwerke/Im heißen Schatten des Islam*, Reinbek 1983
Gautier, Théophile: *Reise in Andalusien*, München 1981
Goethe, Johann Wolfgang: *Italienische Reise*, Frankfurt/M. 1976
Hesse, Hermann: *Italien*, Frankfurt/M. 2001
Flaubert, Gustave: *Reise in den Orient. Ägypten, Nubien, Palästina, Syrien, Libanon*, Frankfurt/M. 1996
Lehmann, Wilhelm Friedrich: *Berlin. Bummel um die Jahrhundertwende*, München 1961
Hodgson, Barbara: *Die Krinoline bleibt in Kairo. Reisende Frauen 1650 bis 1900*, Hildesheim 2004
Hodgson, Barbara: *Die Wüste atmet Freiheit. Reisende Frauen im Orient 1717 bis 1930*, Hildesheim 2006
Keay, Julia: *Mehr Mut als Kleider im Gepäck. Frauen reisen im 19. Jahrhundert durch die Welt*, Bern–München–Wien 1991
Kundera, Milan: *Der Abschiedswalzer*, München 2006
Lamartine, Alphonse de: *Erinnerungen, Empfindungen, Gedanken und Naturgemälde während einer Reise in den Orient in den Jahren 1832 und 1833*, in: *Alphonse de Lamartine's sämmtliche Werke*, Bd. 2–4, Stuttgart 1839
Lamartine, Alphonse de: *Fahrt ins Heilige Land*, 1947
Loti, Pierre: *Egypt*, London 1909
Magris, Claudio: *Donau. Biographie eines Flusses*, Wien 1996
Mann, Thomas: *Der Tod in Venedig*, Frankfurt/M. 1992
Sackville-West, Vita: *Eine Frau unterwegs nach Teheran*, Frankfurt/M. 1993
Sauvat, Catherine: *Isabelle Eberhardt. Abenteuer in der Wüste*, Hildesheim 2004
Stendhal: *Reise in Italien*, München 1996
Stoop, Anne de: *Lebenskunst in Portugal*, Hildesheim 1997
Twain, Mark: *Bummel durch Europa*, Zürich 2003
Twain, Mark: *Reisen ums Mittelmeer*, Frankfurt/M. 1996
Wagner, Richard: *Sämtliche Briefe*, Wiesbaden 2003
Zweig, Stefan: *Die Welt von Gestern. Erinnerungen eines Europäers*, Frankfurt/M. 1999
Zweig, Stefan: *Auf Reisen*, Frankfurt/M. 2004
Zafón, Carlos Ruiz: *Der Schatten des Windes*, Frankfurt/M. 2005

Dank
Die Autoren danken Herrn Gion Schneller, Direktor der Photoglob AG (Diezingerstrasse 3, CH-8036 Zürich), de ihnen beim Zusammentragen der für die Realisierung dieses Buches nötigen Informationen behilflich war.

Danke auch an Blandine Gallix für ihren Rat, an Émile Boismoreau, Florence Cailly, Emmanuel Ducamp, Émil Greenberg und Philippe Marchand für ihre Hilfe bei der Dokumentation und ihre freundschaftliche Unterstützung.

Bibliografische Information der Deutschen Nationalbibliothek
Die Deutsche Nationalbibliothek verzeichnet diese Publikation in der Deutschen Nationalbibliografie; detaillierte bibliografische Daten sind im Internet über http://dnb.d-nb.de abrufbar.

Die Originalausgabe erschien 2006 unter dem Titel *Portrait d'un monde en couleurs* bei Éditions Solar, einem Departement von Place des Éditeurs, Paris
Layout: Marc Walter/China
Textredaktion: Suyapa Granda Bonilla
Einleitung und Bildunterschriften: Sabine Arqué
Bildunterschriften für Griechenland, Türkei, Ägypten, Israel, Libanon, Syrien, Sri Lanka, Indien, Malaysia, China, Neuseeland: Emmanuelle Gaillard
Technischer Text: Christian Laucou
Projektmanagement: Emmanuelle Gaillard/China
Lithographie: Ex-Fabrica/Edilog

Satz: typocepta, Wilhelm Schäfer, Köln
Printed in China

www.gerstenberg-verlag.de

ISBN: 978-3-8369-2967-7